FIU | Cuban Research
Institute

FLORIDA INTERNATIONAL UNIVERSITY

La diáspora cubana en el siglo XXI

Publicado por Eriginal Books LLC
Miami, Florida
www.eriginalbooks.com
eriginalbooks@gmail.com

Primera Edición: Febrero 2011

ISBN-13: 978-1-61370-982-5
Library of Congress Control Number: 2012933698

Índice

Presentación

El Instituto de Investigaciones Cubanas de la Universidad Internacional de la Florida se honra en dar a conocer el informe, La diáspora cubana en el siglo XXI.

El texto ha sido elaborado por una Comisión que inició sus trabajos el 12 de febrero del 2011 y estuvo compuesta por los académicos cubanos Uva de Aragón (Universidad Internacional de la Florida), Jorge Domínguez (Universidad de Harvard), Jorge Duany (Universidad de Puerto Rico) y Carmelo Mesa-Lago (Universidad de Pittsburgh). A ellos se sumó en el mes de marzo Orlando Márquez, director de la revista Palabra Nueva *de la Arquidiócesis católica de La Habana. Juan Antonio Blanco, del Instituto de Investigaciones Cubanas de la Universidad Internacional de la Florida, actuó como coordinador del trabajo de la Comisión y fue también coautor del texto.*

El 12 de julio de 2011 la Comisión concluyó la redacción del informe y desde entonces había aguardado por la realización de la encuesta de opinión sobre estos temas entre cubanos residentes en la ciudad de Miami, que fue llevada a cabo en septiembre. La realización de la encuesta fue solicitada por la Comisión a la Universidad Internacional de la Florida a fin de poder describir con el mayor grado posible de precisión las tendencias de opinión citadas en el informe. El texto original ha sido escrito en español y luego fue traducido al inglés.

Los autores han analizado el tipo de relaciones que diversos Estados sostienen con sus diásporas y han estudiado los problemas y las potencialidades vinculadas al posible papel de la diáspora cubana en el desarrollo nacional. Aunque dejan claro que este documento no pretende evaluar las medidas que ha adoptado el gobierno cubano a partir de agosto de 2006, sí subrayan que el llamado proceso de actualización económica tendría una mayor posibilidad de éxito si se le acompaña de una profunda y paralela actualización de la política migratoria.

Los autores han recorrido las tensiones, conflictos y traumas de la relación entre el Estado cubano y la diáspora a lo largo de la historia, en clave de futuro. Prefirieron, sin soslayar los problemas, otear el horizonte de posibilidades que supondría una genuina normalización de relaciones entre ambos mediante un cambio de las políticas migratorias en vigor, que las alinee de lleno con los estándares universalmente reconocidos en este campo. También incluyeron en su análisis los obstáculos que la política de Estados Unidos hacia Cuba le plantea en específico a la diáspora cubana que reside en ese país y la necesidad de que sean removidos.

Los miembros de la Comisión –que trabajaron de forma gratuita en la producción de este informe– formulan un conjunto de recomendaciones que presentan respetuosamente a los gobiernos de Cuba y de Estados Unidos, así como a la diáspora y a la sociedad civil cubanas.

Tal y como se expresa al cierre de este documento: "Muchas de las observaciones, conclusiones y sugerencias expresadas en este informe se proyectan hacia el mañana, en espera de que eventualmente sean implementadas de forma parcial o total. Pero mañana puede comenzar hoy si así lo decidiesen los actores con poder de decisión en este campo, pues Cuba lo necesita urgentemente".

Juan Antonio Blanco
Coordinador de la Comisión
Cuban Research Institute
Florida International University

Resumen

Entre mediados de febrero y julio de este año, el Instituto de Investigaciones Cubanas (CRI) de la Universidad Internacional de la Florida (FIU) tuvo a su cargo la coordinación de una comisión académica que analizó las perspectivas de la relación entre la diáspora cubana y su país de origen y produjo un informe al que dio por título La Diáspora Cubana en el Siglo XXI.

Con su informe, la Comisión se propuso hacer una contribución intelectual a la modernización tanto de la legislación como de la política migratoria cubana, que tuviera efectos positivos en la relación de la diáspora con su país de origen. Los miembros de la Comisión consideran que de ese modo hacen un aporte significativo a los intereses de las familias cubanas residentes en ambas márgenes del Estrecho de la Florida.

Las consideraciones formuladas por la Comisión, sin embargo, no están circunscritas al momento actual. Se formulan desde la perspectiva del impacto potencial que podría tener la diáspora cubana sobre el desarrollo nacional. Sus recomendaciones han sido pensadas con vista a echar los cimientos de un proceso de largo aliento.

Los autores del informe han analizado el tipo de relaciones que diversos Estados mantienen con sus diásporas y han estudiado los problemas y potencialidades vinculadas al futuro papel de la diáspora cubana en el desarrollo de su país de origen. El informe da cuenta de las mejores prácticas de políticas migratorias en diferentes campos, así como de la conveniencia que en el caso de Cuba tendría el que fuesen tomadas en consideración.

Si bien el informe no está dedicado a evaluar las medidas económicas que el Gobierno de Cuba ha venido adoptando –sobre las cuales varios de los miembros de la Comisión ya se han pronunciado en otros trabajos académicos–, sí subraya que dicho proceso tendría mayor posibilidad de éxito si fuese acompañado de una profunda y paralela revisión de la política migratoria vigente, que la alinee de lleno con estándares universales. Es de desear que sea a esto a lo que se refirió el Presidente del Consejo de Estado cubano, Raúl Castro, cuando el pasado 1º de agosto anunció que se trabajaba en la "actualización de la política migratoria".

La Comisión entiende que –entre otras medidas– la actualización y normalización de las políticas migratorias suponen la eliminación del sistema de permisos de entrada y salida del país a sus nacionales, el derecho a fijar libremente la residencia temporal o permanente en otro país y otras disposiciones dirigidas a facilitar flujos migratorios circulares. Entre estas últimas, el informe destaca la necesidad de reducir los costos actuales y remover las trabas de trámites consulares, pasajes, llamadas telefónicas, correos electrónicos, homologación de títulos y suprimir otros obstáculos que

Cuban Research Institute – FIU

impiden avanzar hacia una normalización de las relaciones entre la diáspora cubana y su país de origen.

Todo lo anteriormente mencionado implica cambios en el sistema legal actualmente vigente que consagren y protejan los derechos migratorios de los cubanos en la Isla y en la diáspora, a la luz de los estándares universalmente reconocidos sobre estos temas.

Hay dos aspectos que la Comisión estima deben resolverse:

a) Un cambio en la legislación y la Constitución cubanas que suprima los permisos de entrada y salida al país y garantice a los cubanos la plena libertad de circulación y su derecho a fijar residencia libremente

b) Modificaciones adicionales al sistema legal vigente que reconozcan a todos los cubanos —emigrados o radicados en la Isla— como iguales ante la ley y en el campo de la economía y que también les reconozca idénticas o incluso mejores posibilidades de participación en iniciativas económicas que las extendidas al capital extranjero mediante la reforma constitucional de 1992 y la Ley de Inversión Extranjera No. 77 de 1995.

La Comisión analizó los obstáculos que la política de Estados Unidos hacia Cuba todavía le presenta a la diáspora cubana en Estados Unidos para desarrollar vínculos con su país de origen, y la necesidad de que aquellos sean removidos. Hay cubanos residentes fuera de la Isla que ya colaboran con familiares y amigos necesitados de explorar las posibilidades laborales y de ingresos que el nuevo sector privado emergente puede ofrecerles. El informe considera que al tratarse de un sector no estatal de la economía cubana, el Gobierno de Estados Unidos debe tomar nota de esa nueva realidad y obrar en consecuencia. En ese sentido pudiera facilitar las relaciones entre la diáspora cubana y ese sector privado no estatal emergente si considerase excluidas de las restricciones del embargo aquellas transacciones económicas que fuesen realizadas con el sector no estatal de la economía cubana. Eso supone también, en el caso de Estados Unidos, cambios en ciertas órdenes ejecutivas y la readecuación de las legislaciones vigentes sobre estos temas.

El tema central considerado por la Comisión ha sido el de las relaciones entre la diáspora cubana y su país de origen y desde esa óptica ha analizado el modo en que ellas se ven afectadas por las regulaciones de los gobiernos de Cuba y Estados Unidos. Los autores del informe consideran que ambos gobiernos deben evitar que su conflicto bilateral inhiba las relaciones directas entre la población cubana que habita en ambos territorios. La Comisión estima que estos temas deben enfocarse con un espíritu similar al que inspira el derecho internacional humanitario en el sentido de que personas inocentes no deben ser el blanco principal de acciones que persiguen provocar daños colaterales al enemigo.

La comisión aprecia, y destaca, la voluntad demostrada por las familias cubanas a lo largo de todos estos años para superar las barreras políticas y sobreponerse a las traumáticas experiencias históricas de separaciones y distanciamientos que les fueron impuestas por décadas. .

Por último, la Comisión hace también un llamado urgente a aquellos otros países receptores de emigrados cubanos, o que estos utilizan como vías de tránsito hacia su destino final, a respetar plenamente sus derechos y a que les dispensen el trato digno que para estos casos prevén y garantizan los acuerdos internacionales multilaterales.

Cuban Research Institute
Florida International University

Introducción

Cuba y su diáspora poseen una relación bicentenaria. Esta relación surge de las emigraciones evidentes ya en el siglo XIX que, desde su origen, se caracterizan por su compleja mezcla de elementos sociales, culturales, religiosos, económicos y políticos. También desde entonces la diáspora se encuentra dispersa en América Latina, Europa, de manera creciente en Estados Unidos y más recientemente en países africanos.

Esa diáspora en gran medida se reconoce a sí misma como parte integrante de la nación cubana y, como tal, ha aportado ininterrumpidamente al caudal literario, artístico, musical, religioso, económico y político de todos los que se consideren cubanos, en Cuba y fuera de Cuba. El poeta José María Heredia, el presbítero Félix Varela y José Martí son ejemplos de las múltiples e importantes dimensiones de esos aportes a la nación cubana. De igual manera, durante las guerras de independencia de Cuba fueron ejemplos patrióticos varios generales del Ejército Libertador quienes, entre otros detalles biográficos, también fueron ciudadanos de EE.UU., como Pedro Betancourt, Francisco Carrillo, Emilio Núñez y Carlos Roloff.

Es y siempre ha sido una diáspora heterogénea. Hay criterios políticos divergentes, circunstancias económicas disímiles, identificaciones culturales variables, y es particularmente complejo el vínculo emotivo y cívico con Cuba. Sin embargo, la relación de una parte importante de esa diáspora con las autoridades en Cuba ha sido generalmente hostil, principalmente en el siglo XIX, y de nuevo a partir de 1959. Es por ello que la relación entre Cuba y su diáspora en un sentido más amplio ha sido difícil.

Cuba y su diáspora nunca han elaborado un proyecto compartido con vista a un mejor futuro. En décadas anteriores, cuando las relaciones no eran hostiles, el gobierno de Cuba se comportó como si esa diáspora no existiera en Tampa, Cayo Hueso, Nueva York, México o Madrid. Y cuando las relaciones han sido hostiles, tanto los grupos predominantes de la diáspora, particularmente los del sur de la Florida, como el gobierno de Cuba han actuado mediante zafarranchos de combate.

Un futuro mejor compartido

Cuba y su diáspora persistirán en las generaciones del futuro. Puede perdurar la hostilidad que las caracterizó durante el pasado medio siglo, prevalecer la ignorancia mutua como ocurrió durante el segundo cuarto del siglo XX, o ambas partes pueden reconocer la oportunidad de construir un futuro compartido y mejor. Para lograr esto último, algunas premisas son imprescindibles:

- El respeto mutuo. Cada ser humano debe ser reconocido como tal y debe respetarse su derecho a expresar sus ideas en todos los ámbitos y sobre todos los asuntos.

- La voluntad de diálogo. No se comparte el futuro si no hay un intercambio entre quienes no se han conocido realmente. No se vislumbra el futuro si no se discuten las discrepancias. No se construye el futuro si no se exploran las oportunidades que solamente un diálogo puede brindar. Y los cubanos, donde quiera que residan, deben ejercer su derecho a dialogar.

- La participación. El respeto y el diálogo requieren del reconocimiento de derechos de participación pluralista en tales intercambios y de un clima humano y político que los garanticen y los promuevan.

- El papel de los gobiernos. Cualquier posibilidad de intercambio entre quienes se consideren cubanos dentro y fuera de Cuba requiere la eliminación de las trabas gubernamentales que dificultan su reunión en y fuera de Cuba. Los cubanos en la diáspora deben insistir frente al gobierno de EE.UU., con más afán y posibilidades si son además ciudadanos de este país, que se respeten sus derechos a intercambiar con cubanos que residen en Cuba. Eso implica que quienes residen en la Isla puedan viajar a EE.UU. con facilidades legales y logísticas. Por su parte, el gobierno de Cuba debe reconocer e insistir en el derecho de los cubanos que residen en Cuba a intercambiar con su contraparte en la diáspora y, por tanto, debe facilitar las visitas a Cuba de los cubanos de la diáspora mediante la eliminación de trabas legales y logísticas. Por esas mismas razones, debe el gobierno de Cuba también permitir que sus ciudadanos viajen internacionalmente con su pasaporte cubano, sin documentación ni permisos adicionales. A nadie que no tenga una causa criminal pendiente, radicada en un tribunal nacional o internacional, se le debe impedir el acceso a su país de origen en virtud de su ideología o afiliación política o por haber ejercido el derecho a expresar sus opiniones en o sobre cualquier país.

Presupuestos

Un diálogo respetuoso y participativo no ocurrirá sin que ambas partes reconozcan algunos presupuestos importantes. No se trata de requisitos previos al diálogo, ni de precondiciones para realizarlo, mucho menos de "demandas" o exigencias para entablar una discusión. Se

20

trata de reconocer los puntos de partida de los prospectivos dialogantes.

- En Cuba hubo una revolución social, económica y política con vastas consecuencias que transformaron la nación. Esa revolución social obtuvo en su momento fundacional un amplio apoyo popular y la población recibió beneficios, principalmente en el ámbito de la educación y la salud pública, que fueron ampliamente difundidos.

- En la diáspora, en especial la radicada en EE.UU., hubo otra revolución social, económica y política que transformó a esos cubanos, quienes a su vez transformaron al sur de la Florida. Su manifestación más evidente ha sido un exitoso desempeño empresarial y profesional.

- Tanto en Cuba como en su diáspora hubo una transición demográfica. La población de cubanos envejece en ambas márgenes del Estrecho de la Florida. Ya disminuye la población en Cuba, proceso que se acelerará a fines de la década en curso. La preservación física y cultural de la nación es una agenda compartida por cubanos en y fuera de Cuba.

- Tanto en Cuba como en su diáspora, en diversos momentos de la historia nacional los cubanos demostraron un talento impresionante en diversas esferas de la vida política, militar, profesional y empresarial.

- La propensión al insulto público, la difamación personal, la hipérbole injustificada y la suposición de que "el otro" es un asesino, contrario a los valores democráticos y vil ejemplo de la traición a la patria, forman parte del vocabulario político compartido que ha servido de obstáculo simbólico y práctico para la adopción de otros comportamientos que favorezcan algún entendimiento.

Las ventajas de un futuro compartido

Cuba ha cambiado en muchos aspectos y podría construir un futuro mejor si cooperara con aquellos en su diáspora que poseen esa voluntad de cooperación. Sobre la misma marcha hacia el futuro previsible, nuevas oportunidades de cooperación irán apareciendo que facilitarán la ampliación de las oportunidades de colaboración entre las personas que demuestren esa voluntad.

Cuba es productora de servicios, no ya tanto de productos agrícolas o industriales, sino de servicios médicos, turísticos, musicales, artísticos y de una muy variada gama profesional. Cuba descubre la "venta" de muchos de estos servicios bajo la égida de la cooperación internacional solidaria o la venta por trueque (petróleo intercambiado por servicios). El Miami cubano, también exportador de servicios profesionales es, a su vez, generador e inversionista de capital financiero, destrezas empresariales y de acceso al mercado de EE.UU. Por medio siglo Cuba ha invertido cuantiosas sumas y esfuerzos en ciencias aplicadas, principalmente en biotecnología. Sin embargo, ha obtenido un beneficio económico muy pequeño por esa inversión. Pobre en general ha sido el beneficio económico de la inversión en capital humano en Cuba, inversión que por otras múltiples razones ha sido impresionante.

La diáspora cubana, que posee entre sus miembros destacados científicos, profesionales y artistas, se ha visto impedida de aportar en esos campos a su país de origen del mismo modo que normalmente logran hacerlo miembros de las diásporas de otras naciones.

Las ventajas de un futuro compartido son múltiples. No debe Miami impedir conciertos en esa ciudad cuando los músicos residen en Cuba, y no debe el gobierno cubano impedir el acceso de músicos de la diáspora al público en Cuba.

No debe el estado de la Florida impedir la colaboración académica entre sus universidades y sus contrapartes en Cuba, y no debe el gobierno de Cuba negar visas o permisos de entrada a académicos de origen cubano que residan fuera del país.

La relación entre Cuba y su diáspora podría mejorar mucho más si las relaciones entre los gobiernos de Cuba y Estados Unidos dejaran de agravar, impedir o dificultar la relación entre la diáspora y la Isla. A su vez, esa mejoría de relaciones entre personas o entidades no gubernamentales podría también facilitar un cambio beneficioso para las relaciones entre ambos gobiernos.

Las personas de origen cubano dentro y fuera de Cuba deben buscar cómo abrir cauce a su colaboración, por encima de diferencias remanentes. De trascender las barreras que todavía obstaculizan esa posibilidad, el futuro de Cuba y su diáspora promete un sendero abierto de utilidad compartida. Existen ya herramientas para construir ese futuro mejor.

La base de ese futuro mejor es la cooperación que permite la suma y multiplicación de talentos y esfuerzos sobre los logros ya alcanzados por Cuba y por su diáspora en la generación de capital humano, social y financiero. En este informe haremos hincapié en las ventajas de esta posible cooperación por todos y para el bien de todos.

Las relaciones entre los Estados nacionales y sus diásporas

En las últimas décadas numerosos países han experimentado una emigración masiva. En el año 2010 alrededor de 214 millones de personas vivían fuera de sus países natales, lo cual representa un 3% de la población mundial. Al mismo tiempo, han aumentado las transferencias monetarias que envían los migrantes a sus familiares en las naciones de origen. En 2010 las remesas ascendieron a 440 mil millones de dólares en todo el mundo.[1] Nunca antes las diásporas habían desempeñado un papel económico tan importante en sus países de origen.

Muchos de los gobiernos de los países emisores de migrantes han comenzado a verlos como un recurso importante para el desarrollo, que incluye fuentes de inversión, lazos comerciales, experiencias empresariales y

---

[1] International Organization for Migration, *World Migration Report: The Future of Migration. Building Capacities for Change* (Ginebra: International Organization for Migration, 2010); Sanket Mohapatra, Dilip Ratha y Ani Silwal, "Outlook for Remittance Flows 2011–13: Remittance Flows Recover to Pre-Crisis Levels", *Migration and Development Brief* 16 (23 de mayo de 2011): 1–12.

transferencia de conocimientos y destrezas. Un número creciente de naciones –desde la India y Filipinas hasta Haití y El Salvador– ha establecido ministerios y otras oficinas gubernamentales para atender las necesidades e intereses de sus poblaciones en la diáspora. Algunos gobiernos, como los de China y Corea del Sur, han desarrollado políticas muy activas para incorporar a sus diásporas de manera productiva a sus países de origen. Varios de ellos han utilizado sus servicios consulares para interactuar más sistemáticamente con sus ciudadanos residentes en el exterior.[2]

En este contexto, el tema que más llama la atención pública es el impacto de las remesas en el desarrollo nacional. En muchos países receptores de remesas, estas se han convertido en un mecanismo de financiamiento externo aún más cuantioso que la inversión extranjera y la ayuda internacional. Uno de los modelos más exitosos del uso de las remesas es el de México, cuyo programa "Tres por Uno" parea fondos federales, estatales y locales con los enviados por las asociaciones de compueblanos en el exterior, para financiar proyectos de infraestructura en sus comunidades de origen. Otras iniciativas gubernamentales han buscado reclutar los talentos y recursos de los migrantes y sus descendientes para el desarrollo de empresas, mercados de capital, turismo,

---

[2] Dovelyn Rannveig Agunias, ed., *Closing the Distance: How Governments Strengthen Ties with Their Diasporas* (Washington, DC: Migration Policy Institute, 2009).

comercio, organizaciones voluntarias, migración circular y para la creación de empleos en los países emisores.[3]

Para conceptualizar las relaciones entre los Estados nacionales y sus diásporas, recurriremos al esquema clasificatorio tripartito formulado por la socióloga Peggy Levitt y la antropóloga Nina Glick Schiller.[4] El caso más común es el del *Estado selectivo estratégicamente*, que promueve la participación de los expatriados en su país de origen, pero no les otorga derechos de ciudadanía ni los incorpora totalmente a los asuntos nacionales. Aunque este tipo de gobierno considera a la diáspora como parte de la nación emisora, todavía no ha institucionalizado sus relaciones con sus ciudadanos residentes en el exterior. Ejemplos de esta postura incluyen a Haití, Irlanda, Turquía y la India.

Un segundo tipo es el *Estado-nación transnacional*, que define a los migrantes como miembros a larga distancia de la nación, al reconocerles la doble ciudadanía e incluirlos como parte integrante de

---

[3] Raúl Delgado Wise y Margarita Favela, eds., *Nuevas tendencias y desafíos de la migración internacional México-Estados Unidos* (México, DF: Miguel Ángel Porrúa/Universidad Autónoma de Zacatecas, 2004); Kathleen Newland, ed., *Diasporas: New Partners in Global Development Policy* (Washington, DC: Migration Policy Institute, 2010).

[4] Peggy Levitt y Nina Glick Schiller, "Conceptualizing Simultaneity: A Transnational Social Field Perspective on Society", *International Migration Review* 38, núm. 3 (2004): 1002–1039.

sus políticas públicas. Entre otras medidas, los Estados-naciones transnacionales han reestructurado sus burocracias ministeriales y consulares; extendido el derecho a votar fuera del país; permitido que residentes en el exterior se postulen a cargos públicos; ofrecido múltiples servicios estatales a los ciudadanos residentes fuera del país y reforzado el sentido de pertenencia de los expatriados a sus países de origen.[5] República Dominicana, El Salvador y México ilustran este tipo de Estado, que "extiende su influencia más allá de los límites territoriales del Estado e incorpora poblaciones dispersas".[6]

El tercer tipo, el menos común, es un *Estado desinteresado y denunciante*, que trata a los emigrados como si ya no pertenecieran a la patria, y los tilda a menudo de traidores. Cuando dos Estados desarrollan una relación beligerante, se disputan intensamente las lealtades divididas de los emigrados. En tales circunstancias, el contacto entre países emisores y receptores de migrantes es muy difícil, esporádico e

---

[5] Peggy Levitt y Rafael de la Dehesa, "Transnational Migration and the Redefinition of the State: Variations and Explanations", *Ethnic and Racial Studies* 26, núm. 4 (2003): 587–611.

[6] Georges Fouron y Nina Glick Schiller, *Georges Woke Up Laughing: Long-Distance Nationalism and the Search for Home* (Durham, NC: Duke University Press, 2001), 20. (Esta y todas las traducciones del inglés en el Informe son de los autores.)

incluso peligroso.[7] Cuba, Eslovaquia y Vietnam durante la Guerra Fría ejemplifican la exclusión de los expatriados por causas políticas.

El Cuadro 1, a continuación, recapitula las principales diferencias y similitudes entre los tres tipos de gobiernos. En las siguientes secciones describiremos brevemente los casos de Haití, República Dominicana y Cuba como ejemplos de estos tres tipos de Estados y sus relaciones con sus diásporas. Luego revisaremos las principales prácticas que han utilizado los Estados para mejorar sus relaciones con sus ciudadanos residentes en el exterior. Nuestro propósito básico es identificar formas concretas mediante las cuales un gobierno puede pasar del desinterés y la denuncia a maximizar el impacto de la diáspora en el desarrollo nacional.

---

[7] Roger Waldinger y David Fitzgerald, "Transnationalism in Question", *American Journal of Sociology* 109, núm. 5 (2004): 1177–1195.

Cuadro 1
Tres tipos básicos de relaciones entre los Estados
nacionales y sus diásporas

	Haití	República Dominicana	Cuba
Política hacia la emigración	Estado selectivo estratégicamente	Estado-nación transnacional	Estado desinteresado y denunciante
Reconocimiento de la doble ciudadanía	Parcial (desde mayo de 2011)	Sí	No
Derecho al voto en el extranjero	Sí (desde mayo de 2011)	Sí	No
Derecho a postularse a cargos electorales desde el extranjero	Parcial (excluyendo a candidatos a Presidente y Primer Ministro)	Sí	No
Oficina gubernamental encargada de los asuntos de la diáspora	Ministerio de Haitianos Residentes en el Exterior	Consejo Nacional para las Comunidades Dominicanas en el Exterior	Dirección de Asuntos Consulares y de Cubanos Residentes en el Exterior
Tipo de migración	Básicamente unidireccional	Bidireccional	Unidireccional
Lazos transnacionales con el país de origen	Extensos y extraoficiales	Extensos y oficiales	Limitados y extraoficiales

Cuban Research Institute – FIU

Haití: Un Estado selectivo estratégicamente

En Haití, hasta la década de los 90 del siglo pasado, el concepto de identidad nacional se mantuvo ligado estrechamente a la residencia en el territorio nacional. Durante la larga dictadura de los Duvalier (1957–1986), el gobierno haitiano definió a los emigrados como traidores y enemigos de la nación. Tanto François Duvalier como su hijo Jean-Claude argumentaron que los haitianos que vivían fuera de su país habían renunciado a su ciudadanía y se habían convertido en apátridas.[8] Esta definición de la diáspora fue cuestionada por el movimiento popular Lavalas, encabezado por el ex sacerdote Jean-Bertrand Aristide, que asumió el poder en 1991, tras el derrocamiento del régimen de Duvalier en 1986.

En 1988 el nuevo gobierno estableció una comisaría sobre los haitianos de ultramar. Desde la inauguración del presidente Aristide en 1991, el gobierno haitiano comenzó a reclamar a todas las personas de ascendencia haitiana como parte de la nación, sin importar dónde vivieran ni qué ciudadanía tuviesen. El propio Aristide aludió a la diáspora como el "Décimo Departamento", además de los nueve en que está dividido el territorio nacional. En 1994, Aristide creó una secretaría sobre los haitianos residentes en el exterior,

---

[8] Nina Glick Schiller y Georges Fouron, "Terrains of Blood and Nation: Haitian Transnational Social Fields", *Ethnic and Racial Studies* 22, núm. 2 (1999): 351.

adscrita a la oficina del Presidente, que luego se convirtió en el Ministerio de Haitianos Residentes en el Exterior. Este ministerio, aún vigente, tiene la misión de estrechar los lazos entre los haitianos de la diáspora y del país.[9]

Sin embargo, el reclamo de la diáspora de pertenecer a la nación carece de base legal en Haití, cuya constitución no reconoce el derecho a la doble ciudadanía. Hasta hace poco, la Cámara de Diputados haitiana rehusaba reconocer oficialmente al "Décimo Departamento" de la diáspora. El Estado haitiano tampoco permitía la participación de los expatriados en las elecciones nacionales, ni su candidatura a puestos públicos en Haití.[10] En mayo de 2001, la legislatura haitiana enmendó la Constitución para permitir que

---

[9] Fouron y Glick Schiller, *Georges Woke Up Laughing*; Glick Schiller y Fouron, "Terrains of Blood and Nation"; Michel Laguerre, *Diasporic Citizenship: Haitian Americans in Transnational America* (Nueva York: St. Martin's Press, 1998); Karen Richman, "A Lavalas at Home/A Lavalas for Home: Inflections of Transnationalism in the Discourse of Haitian President Aristide", en *Towards a Transnational Perspective on Migration: Race, Class, Ethnicity, and Nationalism Reconsidered*, Nina Glick Schiller, Linda Basch y Cristina Blanc-Szanton, eds. (Nueva York: New York Academy of Sciences, 1992), 189–200.

[10] Karen Richman, "'Call Us Vote People': Citizenship, Migration, and Transnational Politics in Haitian and Mexican Locations", en *Citizenship, Political Engagement, and Belonging: Immigrants in Europe and the United States*, Deborah Reed-Danahay y Caroline B. Bretell, eds. (Piscataway, NJ: Rutgers University Press, 2008), 162–80.

votaran por primera vez los haitianos residentes en el exterior, pero no los autorizó a postularse a puestos clave como Presidente y Primer Ministro. Todavía es necesario que los candidatos a tales cargos hayan vivido en Haití durante tres años y hayan renunciado a otras ciudadanías antes de iniciar sus campañas.

En junio de 2011 el actual presidente Michel Martelly canceló la enmienda constitucional por contener numerosos errores. Pese a su retórica transnacional, el Estado haitiano ha emprendido pocas acciones concretas para incorporar políticamente a su diáspora. Aunque el gobierno de Haití fomenta ciertas formas de identificación transnacional, restringe lo que pueden hacer los emigrados en su país de origen. El caso de Haití ilustra el fenómeno de un Estado selectivo estratégicamente hacia sus emigrados.

Por su parte, muchos haitianos de la diáspora han adoptado las metáforas de la sangre y la descendencia para insistir en sus lazos afectivos duraderos con la nación de origen.[11] No obstante, esta ideología de "nacionalismo a larga distancia" aún no tiene una clara expresión jurídica en Haití. Aunque el país depende económicamente cada vez más de su diáspora, no ha reformado su estructura política para transformarse en un Estado-nación transnacional, al grado que lo ha hecho República Dominicana o México.

---

[11] Glick Schiller y Fouron, "Terrains of Blood and Nation".

Hasta ahora, la diáspora haitiana ha seguido mayormente una sola dirección –hacia fuera del país– aunque sus lugares de destino han sido múltiples e incluyen República Dominicana, Estados Unidos, Canadá, Francia, las Bahamas, las Antillas Francesas y otros países. La precaria situación económica de Haití, especialmente después del terremoto de 2010, dificulta el regreso de los migrantes. Aun así, los haitianos de la diáspora se mantienen en contacto continuo con sus compatriotas en el país de origen por diversos medios. Hoy día, los haitianos residentes en el exterior participan en numerosas prácticas transnacionales, como el sostenimiento de lazos familiares intergeneracionales, la pertenencia a organizaciones religiosas y el envío de remesas. En 2010 Haití recibió 1,971 millones de dólares en remesas. Esa cantidad representa más del 30% del Producto Interno Bruto del país.[12]

República Dominicana: Un Estado-nación transnacional

A partir de los años 60 del siglo pasado, los emigrados dominicanos fueron conocidos popularmente como "los ausentes" –un término con resonancias nostálgicas, pero

---

[12] Multilateral Investment Fund, *Remittances to Latin America and the Caribbean 2010: Stabilization after the Crisis* (2011), http://idbdocs.iadb.org/wsdocs/getdocument.aspx?docnum=3 5788832 (consultado el 15 de junio de 2011).

con poca pertinencia práctica para el gobierno emisor.[13] Sin embargo, durante las últimas cinco décadas, los dominicanos residentes en el exterior se han hecho cada vez más visibles. Para mediados de los 80, su importancia económica –reflejada especialmente en el aumento de las remesas– era incuestionable, así como su papel crucial en el levantamiento de fondos para las campañas presidenciales en República Dominicana. Poco a poco, los emigrados dominicanos y sus descendientes se reintegraron formalmente a la política dominicana, particularmente a través de la doble ciudadanía y el voto externo.

Desde principios de la década de los 90, el gobierno dominicano creó numerosos mecanismos institucionales para incorporar a su creciente diáspora. En 1991 el Congreso dominicano eximió a los dominicanos en el exterior de pagar impuestos por traer regalos al país durante la temporada de Navidad. En 1994, el Congreso aprobó una enmienda constitucional que les permitió a los dominicanos adoptar la doble ciudadanía y extendió a

---

[13] Pamela M. Graham, "Political Incorporation and Re-Incorporation: Simultaneity in the Dominican Migrant Experience", en *Migration, Transnationalization, and Race in a Changing New York*, Héctor Cordero-Guzmán, Robert C. Smith y Ramón Grosfoguel, eds. (Filadelfia: Temple University Press, 2001), 87–108; Ernesto Sagás, "From *Ausentes* to Dual Nationals: The Incorporation of Transmigrants into Dominican Politics", en *Dominican Migration: Transnational Perspectives*, Ernesto Sagás y Sintia E. Molina, eds. (Gainesville: University Press of Florida, 2004), 53–73.

los migrantes todos los derechos políticos de sus compatriotas, excepto postularse para Presidente o Vicepresidente de la República.[14] La enmienda constitucional también les concedió la ciudadanía dominicana a los nacidos en el extranjero de padres dominicanos. En 1994, mientras vivía en Nueva York, José Fernández fue elegido al Congreso dominicano.

En 1996 Leonel Fernández, quien pasó gran parte de su infancia y adolescencia en Nueva York, fue elegido Presidente de República Dominicana y posteriormente reelegido en 2004 y 2008. Bajo su presidencia, el gobierno dominicano ha alentado la inversión en República Dominicana por parte de los dominicanos de ultramar, así como su repatriación. En octubre de 2000, la Cámara de Diputados dominicana celebró un seminario en Puerto Rico para identificar las necesidades de la población emigrada, incluyendo la protección de sus derechos civiles y su participación política en el país de origen.[15] El derecho a votar desde el extranjero en las

---

[14] José Itzigsohn, "Immigration and the Boundaries of Citizenship: The Institutions of Immigrants' Political Transnationalism", *International Migration Review* 34, núm. 4 (2000): 1126–54; José Itzigsohn y Daniela Villacrés, "Migrant Political Transnationalism and the Practice of Democracy: Dominican External Voting Rights and Salvadoran Hometown Associations", *Ethnic and Racial Studies* 31, núm. 4 (2008): 664–686.

[15] Cámara de Diputados, Comisión de Dominicanos Residentes en el Exterior, *Seminario "El futuro de la comunidad dominicana residente en Puerto Rico"* (Santo Domingo: Cámara de Diputados de la República Dominicana, 2002).

elecciones presidenciales del país, aprobado en 1997, fue implementado por primera vez en 2004. Ese año, 51,603 dominicanos residentes en Estados Unidos, Puerto Rico, España, Venezuela y Canadá se inscribieron en las elecciones presidenciales dominicanas. El número de votantes registrados en el extranjero se triplicó a 154,789 en 2008. Esta cifra representa el noveno mayor número de votantes de cualquier provincia en República Dominicana.[16]

En 2006 Leonel Fernández creó el Programa Presidencial de Apoyo a las Comunidades Dominicanas en el Exterior. Esta iniciativa fue parte del compromiso del presidente de integrar al éxodo dominicano en el desarrollo del país. En 2008 el Congreso dominicano estableció el Consejo Nacional para las Comunidades Dominicanas en el Exterior. Además, la administración de Fernández ha aumentado el número de nombramientos consulares entre líderes emigrantes en Nueva York, San Juan y otras ciudades.

En síntesis, República Dominicana se ha convertido en un Estado-nación transnacional. Este tipo de Estado define a sus miembros, no según la ciudadanía, la residencia o el lugar de nacimiento, sino según lazos de

---

[16] Junta Central Electoral, República Dominicana, *Elecciones ordinarias presidenciales del año 2004: Total voto del exterior* (2011), http://resultadoselectorales.jce.gob.do/boletines/2004/boletin es2004.asp (consultado el 15 de junio de 2011).

---

sangre y descendencia.[17] Independientemente de dónde nacieron o qué pasaporte tienen, los emigrantes dominicanos y sus descendientes son considerados oficialmente parte de la nación dominicana. Como otros Estados-naciones transnacionales, República Dominicana ha reclamado a sus emigrantes, incluso si se convierten en ciudadanos de otros países. Como miembros de una comunidad transnacional, muchos dominicanos se mueven constantemente entre "aquí" y "allá" en su vida diaria. De hecho, así se llama un programa de televisión conducido por emigrados dominicanos en Boston.

En las últimas décadas la diáspora dominicana se ha convertido en un flujo bidireccional a gran escala, que incluye una importante migración de retorno. Este movimiento de ida y vuelta entre República Dominicana, Estados Unidos y otros países ha fortalecido los lazos entre dominicanos en su país de origen y en el extranjero. Hoy día, los dominicanos en Estados Unidos participan con más frecuencia que la mayoría de otros latinos en prácticas transnacionales: muchos asisten a eventos culturales, pertenecen a asociaciones de compueblanos y ejercen el voto en su país de origen. Los dominicanos residentes en el exterior también llaman por teléfono,

---

[17] Nina Glick Schiller, "Transmigrants and Nation-States: Something Old and Something New in the U.S. Immigration Experience", en *The Handbook of International Migration: The American Experience*, Charles Hirschman, Philip Kasinitz y Josh DeWind, eds. (Nueva York: Russell Sage Foundation, 1999), 94–119.

viajan y envían dinero a su país de origen con más regularidad que muchas comunidades de inmigrantes.[18] En comparación con otros países latinoamericanos y caribeños, el nivel de las remesas dominicanas es sumamente elevado. En 2010, República Dominicana recibió 2,908 millones de dólares en remesas, el quinto país receptor en las Américas. Al menos un 20% de los hogares dominicanos recibe regularmente dinero de sus familiares y amigos en Estados Unidos, España, Puerto Rico y otros países.[19]

---

[18] Louis DeSipio, Harry Pachon, Rodolfo O. de la Garza y Jongho Lee, *Immigrant Politics at Home and Abroad: How Latino Immigrants Engage the Politics of Their Home Communities and the United States* (Claremont, CA: Tomás Rivera Policy Institute, 2003), http://www.trpi.org/PDFs/Immigrant_politics.pdf (consultado el 15 de junio de 2011); Levitt y de la Dehesa, "Transnational Migration and the Redefinition of the State"; Manuel Orozco, B. Lindsay Lowell, Micah Bump y Rachel Fedewa, *Transnational Engagement, Remittances, and Their Relationship to Development in Latin America and the Caribbean* (Washington, DC: Institute for the Study of International Migration, Georgetown University, 2005), http://www.thedialogue.org/PublicationFiles/Orozco-%20Transnational%20Engagement.pdf (consultado el 15 de junio de 2011); Roger Waldinger, *Between Here and There: How Attached Are Latino Immigrants to Their Home Countries?* (Washington, DC: Pew Hispanic Center, 2007), http://pewhispanic.org/files/reports/80.pdf (consultado el 15 de junio de 2011).

[19] Multilateral Investment Fund, *Remittances to Latin America and the Caribbean 2010*; Oficina Nacional de Estadística, República Dominicana, "Remesas internacionales que reciben los hogares en República Dominicana", *Panorama estadístico 2*,

---

Cuba: Entre el desinterés y la denuncia

Como señalamos anteriormente, Levitt y Glick Schiller caracterizan a Cuba como un Estado desinteresado y denunciante frente a su diáspora. El gobierno cubano no ha reconocido la doble ciudadanía ni extendido otros derechos legales (como el derecho al voto en el extranjero) a quienes salen del país de manera definitiva. Oficialmente, un ciudadano cubano que adquiere otra ciudadanía pierde la cubana, aunque en la práctica muchos cubanos residentes en el exterior tengan dos pasaportes.[20] En todo caso, los cubanos residentes en el exterior deben solicitar permiso de entrada al país ante las representaciones diplomáticas o consulares de Cuba en otros países.[21]

---

núm. 20 (2009), http://www.one.gob.do/index.php?module=articles&func=vie w&catid=207 (consultado el 15 de junio de 2011).

[20] Sergio Díaz-Briquets y Jorge Pérez-López, *The Role of the Cuban-American Community in the Cuban Transition* (Miami, FL: Institute for Cuban and Cuban-American Studies, University of Miami, 2003), http://ctp.iccas.miami.edu/Research_Studies/DiazBriquetsPere zLopezCubanAmericansCorrected.pdf (consultado el 5 de agosto de 2011).

[21] *Gaceta Oficial de la República de Cuba*, "Decreto No. 26, de fecha 19 de julio de 1978. Reglamento de la Ley de Migración", Edición Ordinaria, no. 25 (31 de julio de 1978).

En varios aspectos los cubanos difieren de otros casos de transnacionalismo contemporáneo. Sobre todo, la antipatía de larga data entre los gobiernos de Cuba y Estados Unidos, así como entre el gobierno cubano y su diáspora, ha matizado los vínculos entre cubanos de fuera y dentro de la Isla. "La diferencia principal entre los cubanos y otros grupos [transnacionales]", escribe la socióloga cubanoamericana Yolanda Prieto, "es que los cubanos no pueden participar en el proceso político de su patria".[22] Desde la Revolución de 1959 muchos cubanos residentes en el extranjero han desarrollado una relación antagónica con el gobierno de la Isla. Como sostienen Roger Waldinger y David Fitzgerald, en Estados "donde la emigración es equivalente a la traición, los contactos regulares y sostenidos entre sociedades de origen y destino que supuestamente distinguen a los inmigrantes transnacionales no son sólo impensables, sino que pueden poner en peligro a los residentes del país de origen, a los que los transnacionales intentan contactar o ayudar".[23] En este sentido, los cubanos exiliados tienen mucho en común con otros refugiados que salieron de su país temiendo la persecución, el encarcelamiento, la

---

[22] Yolanda Prieto, *The Cubans of Union City: Immigrants and Exiles in a New Jersey Community* (Filadelfia: Temple University Press, 2009), 150.

[23] Waldinger y Fitzgerald, "Transnationalism in Question", 1185.

tortura e incluso la muerte y, por tanto, no desean regresar a su patria.[24]

Un elemento distintivo del caso cubano es la persistente animosidad entre el gobierno revolucionario cubano y su diáspora. Desde la década de los 60, el gobierno cubano consideró a los exiliados como traidores a la patria y recurrió a la emigración para expulsar a sus opositores. A su vez, el gobierno de Estados Unidos alentó el éxodo cubano como un recurso simbólico durante la Guerra Fría, cuando muchos funcionarios estadounidenses afirmaban que los refugiados "votaban con sus pies" contra el comunismo.[25] Tales políticas públicas militaron contra los lazos entre cubanos de fuera y dentro de la Isla. Por el contrario, los viajes, el correo y el servicio telefónico entre ambos países se hicieron esporádicos, costosos y complicados. "Durante la Guerra Fría", apunta Susan Eckstein, "los dos gobiernos bloquearon los enlaces transfronterizos entre los cubanos unidos por la sangre y una cultura compartida".[26]

------

[24] Silvia Pedraza, *Political Disaffection in Cuba's Revolution and Exile* (Nueva York: Cambridge University Press, 2007), 26–27.

[25] Félix Masud-Piloto, *From Welcome Exiles to Illegal Immigrants: Cuban Migration to the United States, 1959–1995* (Lanham, MD: Rowman and Littlefield, 1996); Silvia Pedraza-Bailey, *Political and Economic Migrants in America: Cubans and Mexicans* (Austin, TX: University of Texas Press, 1985).

[26] Susan Eckstein, *The Immigrant Divide: How Cuban Americans Changed the U.S. and Their Homeland* (Nueva York: Routledge, 2009), 126.

Varias características de la diáspora cubana derivan de sus históricas tensiones con la Revolución Cubana. Desde 1961 el Estado cubano ha equiparado salir de la Isla con "abandonar" el país de una vez por todas.[27] Bajo la categoría legal de "salida permanente", los emigrantes han perdido sus derechos civiles, políticos y sociales, incluyendo el derecho a poseer propiedades en Cuba. Hasta hace poco también perdían sus empleos cuando anunciaban su decisión de mudarse al extranjero. Muchos fueron marginados de sus vecindarios y centros de trabajo antes de salir de la Isla. A la mayoría no se le permitió volver a Cuba, excepto por visitas cortas. Por lo tanto, la diáspora cubana posrevolucionaria ha sido principalmente un flujo unidireccional, a diferencia de la diáspora dominicana.

Hasta la década de los 90 Cuba restringió la emigración por edad, género y ocupación. Pero la prolongada crisis económica de la Isla promovió una relajación de los requisitos para viajar al exterior.[28] En la

---

[27] Antonio Aja Díaz, *Al cruzar las fronteras* (La Habana: Centro de Estudios Demográficos/Fondo de Población de las Naciones Unidas, 2009), 122, 129; María de los Ángeles Torres, *In the Land of Mirrors: Cuban Exile Politics in the United States* (Ann Arbor, MI: University of Michigan Press, 1999), 52.

[28] Rafael Hernández, "Cuba y los cubano-americanos: El impacto del conflicto EE.UU.-Cuba en sus relaciones presentes y futuras", *Cuadernos de Nuestra América* 12, núm. 23 (1995): 4–22; Consuelo Martín y Guadalupe Pérez, *Familia, emigración y vida cotidiana en Cuba* (La Habana: Editora Política, 1998); Ernesto Rodríguez Chávez, *Emigración cubana actual* (La Habana: Editorial de Ciencias Sociales, 1997).

actualidad, algunos cubanos pueden vivir en el extranjero temporalmente sin perder el derecho a regresar a Cuba. Entre los años 1995 y 2004, el gobierno cubano emitió alrededor de 30 mil Permisos de Residencia en el Exterior (PRE), que autorizan a sus titulares a salir y entrar libremente del país.[29] Dichos permisos se extienden normalmente a los cubanos que viven en Europa y América Latina, rara vez a los que residen en Estados Unidos. Todavía los cubanos están obligados a solicitar un permiso de salida del gobierno cubano, así como un permiso de entrada cuando residen en el extranjero. Los que se fueron después de 1971 deben llevar un pasaporte cubano para volver a la Isla, independientemente de si se han hecho ciudadanos de otro país.

---

[29] Antonio Aja Díaz, "La emigración cubana en los años noventa", *Cuban Studies* 30 (1999): 11; Ángela Casaña Mata, *Una contribución al estudio de la emigración calificada desde la perspectiva del país de origen* (La Habana: Centro de Estudios de Migraciones Internacionales, Universidad de La Habana, 2002), http://www.uh.cu/centros/cemi/texto%20completo/angela/Contribuci%F3n%20al%20estudio%20de%20la%20emigraci%F3n%20calificada.htm (consultado el 12 de septiembre de 2009); Consuelo Martín Fernández, Antonio Aja Díaz, Ángela Casaña Mata y Magali Martín Quijano, *La emigración de Cuba desde fines del siglo XX y principios del XXI: Lecturas y reflexiones mirando a la Ciudad de La Habana*, http://www.uh.cu/centros/cemi/documentos/7%20Consuelo,%20Aja,%20Angela%20y%20Magali%20LA%20EMIGRACION%20DE%20CUBA%20DE%20FINALES%20DE%20SIGLO%20XX%20y%20PRINCIPOS%20DE%20SIGLO%20XXI.pdf (consultado el 15 de junio de 2011), 144.

Aunque el gobierno cubano ha hecho algunos acercamientos a la comunidad cubana en el exterior, aún no ha desarrollado una postura coherente sobre cuestiones clave, como la repatriación, jubilación y oportunidades de inversión para exiliados. Como reconoce el historiador cubano Jesús Arboleya, "los derechos y deberes de los emigrados y sus descendientes con respecto a la nación cubana no se han aclarado adecuadamente".[30] Hasta ahora, el gobierno cubano no ha autorizado a los emigrados a establecer negocios o comprar propiedades en Cuba, mientras que sí se lo ha permitido a ciudadanos de España, Canadá y otros países. Los visados de entrada para los cubanoamericanos siguen siendo mucho más caros que para los turistas extranjeros. Los viajes desde y hacia Cuba están restringidos a una pequeña fracción de los cubanos de fuera y dentro de la Isla. El gobierno cubano sigue considerando a toda persona nacida en la Isla como ciudadana cubana, incluso si posee un pasaporte de Estados Unidos, España u otro país. Para los que viven en el extranjero, conservar un pasaporte cubano ofrece pocas ventajas prácticas; para algunos fines, como viajar a otros países, es una gran desventaja, porque la mayoría de ellos requiere una visa de los cubanos.

Desde 1959 la beligerancia ha dominado las relaciones entre Estados Unidos y Cuba. Sin embargo,

---

[30] Jesús Arboleya, *Havana Miami: The U.S.-Cuba Migration Conflict* (Melbourne, Australia: Ocean Press, 1996), 41.

durante la presidencia de Jimmy Carter (1977–1980), Estados Unidos comenzó una política de distensión hacia Cuba. En 1977 se abrieron "secciones de intereses" en La Habana y Washington, el primer paso para restablecer relaciones diplomáticas. En este clima político, el gobierno de Fidel Castro se acercó a elementos moderados de la comunidad cubanoamericana. En noviembre y diciembre de 1978, Castro invitó a 140 emigrados a debatir cuestiones de interés común, incluyendo los viajes a Cuba. Paralelamente a *El Diálogo*, el gobierno cubano liberó a 3,600 presos políticos. Además, unos 150 mil exiliados visitaron el país entre 1979 y 1982. Castro comenzó a referirse a los exiliados como "la comunidad cubana en el extranjero" en lugar de los "gusanos". En el lenguaje coloquial cubano, los "gusanos" se transformaron en "mariposas"; incluso más irónicamente, los "traidores" se convirtieron en "trae dólares". Se calcula que los exiliados transfirieron entre 300 y mil millones de dólares anuales a Cuba durante los años 80.[31] El gobierno cubano también autorizó que los exiliados llevaran enseres domésticos, como televisores, equipos de estéreo y otros aparatos electrónicos, en sus viajes de regreso.[32]

---

[31] Holly Ackerman y Juan M. Clark, *The Cuban "Balseros": Voyage of Uncertainty* (Miami, FL: Cuban American National Council, 1995), 34.

[32] Lorena Barberia, "Remittances to Cuba: An Evaluation of Cuban and U.S. Government Policy Measures", en *The Cuban Economy at the Start of the Twenty-First Century*, Jorge

Las relaciones entre el gobierno cubano y la diáspora se tensionaron tras el éxodo del Mariel en 1980.[33] Las autoridades cubanas montaron una intensa campaña de propaganda para desacreditar a los "marielitos", como se les catalogó despectivamente. Es irónico que los medios de comunicación masiva estadounidenses se hicieran eco de la imagen pública de los emigrados del Mariel como "escoria" y "lumpen". "El efecto inmediato de esta campaña ideológica", escribe la politóloga cubanoamericana María de los Ángeles Torres, "fue reducir el número de visitas permitidas a exiliados cubanos".[34] En mayo de 1985, el gobierno cubano prohibió los viajes de los emigrados y suspendió los acuerdos migratorios con Estados Unidos, en respuesta al establecimiento de la estación anticastrista Radio Martí. En 1986, el gobierno cubano autorizó nuevamente las visitas de los emigrados.

Domínguez, Omar Everleny Pérez Villanueva y Lorena Barberia, eds. (Cambridge, MA: Harvard University Press, 2004), 362.

[33] Jorge I. Domínguez, "Cooperating with the Enemy? U.S. Immigration Policies toward Cuba", en *Western Hemisphere Immigration and U.S. Immigration Policy*, Christopher Mitchell, ed. (University Park, PA: Penn State University Press, 1992), 31–88; Susan Eckstein y Lorena Barberia, *Cuban-American Cuba Visits: Public Policy, Private Practices* (2001), http://web.mit.edu/cis/www/migration/pubs/mellon/5_cuba.pdf (consultado el 15 de junio de 2011); Masud-Piloto, *From Welcome Exiles to Illegal Immigrants*; Torres, *In the Land of Mirrors*.

[34] Torres, *In The Land of Mirrors*, 109.

Después de 1989, la caída del socialismo en Europa Oriental y el eventual colapso de la Unión Soviética dejaron a Cuba con pocos socios comerciales. El gobierno cubano recurrió al turismo, como su principal modo de reincorporarse al mercado mundial, y a su diáspora, como fuente de divisas. En consecuencia, el régimen de La Habana renovó sus esfuerzos por "normalizar" sus contactos con la diáspora. Como subraya Eckstein, "Cuba siguió una tendencia creciente entre los gobiernos del Tercer Mundo, incluyendo a República Dominicana y El Salvador, para reclamar a sus poblaciones emigrantes".[35] La emigración y las remesas se han convertido en dos de las estrategias de supervivencia más comunes de los cubanos desde el comienzo de la crisis económica, conocida como Período Especial en Tiempos de Paz.

Mientras el gobierno cubano alentó ciertos contactos de cubanoamericanos con la Isla después de 1989, el gobierno estadounidense tendió a disuadirlos. Entre los años 2004 y 2008, en el caso extremo, el presidente George W. Bush impuso restricciones draconianas sobre las remesas y visitas cubanoamericanas. Por su parte, el presidente Barack Obama, elegido en noviembre de 2008, se comprometió a facilitar los contactos entre cubanos de fuera y dentro

---

[35] Susan Eckstein, *Diasporas and Dollars: Transnational Ties and the Transformation of Cuba* (febrero de 2003), http://web.mit.edu/cis/www/migration/pubs/rrwp/16_diasporas.pdf (consultado el 15 de junio de 2011), 19.

de la Isla. En marzo del 2009, la administración de Obama eliminó el grueso de las restricciones de Estados Unidos sobre los cubanoamericanos para viajar y enviar dinero a Cuba. Sin embargo, en septiembre del 2009 el presidente retuvo la prohibición de viajar a Cuba sobre los ciudadanos estadounidenses de origen no cubano.

Como muchos países emisores de migrantes, el gobierno cubano reformó su burocracia para atender los asuntos de la diáspora. En 1994 el Ministerio de Relaciones Exteriores de Cuba creó una Dirección de Asuntos de Cubanos Residentes en el Exterior, luego nombrada Dirección de Asuntos Consulares y de Cubanos Residentes en el Exterior. En 1995, el Ministerio lanzó una lustrosa publicación periódica, *Correo de Cuba*, subtitulada "La revista de la emigración cubana", para dar a conocer sus actividades. En junio del mismo año, la Unión de Escritores y Artistas de Cuba y la Universidad de La Habana copatrocinaron un simposio sobre cultura e identidad nacional, al que asistieron 20 intelectuales cubanos que vivían en el extranjero.[36]

Desde la década de los 90, el gobierno cubano ha organizado varias reuniones sobre "La nación y la emigración". La primera conferencia se celebró en La Habana en abril de 1994 y atrajo a aproximadamente 220 miembros de la comunidad cubana en el extranjero. En

---

[36] Unión de Escritores y Artistas de Cuba y Universidad de La Habana, eds., *Cuba: Cultura e identidad nacional* (La Habana: Unión, 1995).

---

noviembre de 1995, la segunda reunión convocó a 357 representantes de la diáspora procedentes de 37 países. Una tercera conferencia celebrada en mayo de 2004 reunió a 520 emigrados de 49 países.[37] Entre los principales temas de discusión estaban los viajes a Cuba desde Estados Unidos.

Eckstein resume las iniciativas de las autoridades cubanas para alentar las visitas cubanoamericanas durante la era postsoviética:

Removieron los topes en el número de cubanoamericanos a los que se les permite visitar anualmente, extendieron la duración de las visitas admisibles e hicieron más asequibles los viajes al dejar de exigirles a los emigrados visitantes alojarse en hoteles estatales. (...) Las autoridades cubanas también redujeron los obstáculos burocráticos. Para facilitar las visitas, introdujeron permisos de entradas múltiples.[38]

No obstante, los esfuerzos por ampliar el "diálogo" entre cubanos de fuera y dentro de la Isla han sido débiles hasta ahora. Durante cinco décadas se ha impuesto una política de confrontación abierta y aislamiento mutuo, salvo dos breves períodos de tregua a

---

[37] Aja Díaz, "La emigración cubana en los años noventa", 12; Ministerio de Relaciones Exteriores, Cuba, *Nación y emigración*, http://www.nacionyemigracion.cu/inicio.html (consultado el 15 de junio de 2011).

[38] Eckstein, *The Immigrant Divide*, 135.

fines de los años 70 y mediados de los 90. Muchos funcionarios cubanos todavía perciben a los exiliados como enemigos y se refieren a los cubanos de Miami como "la mafia cubanoamericana". A su vez, la mayoría de los exiliados considera al gobierno de los Castro una dictadura despiadada. Aún así, las tensiones oficiales no han suprimido totalmente los lazos extraoficiales entre Cuba y su diáspora. Como ha observado la socióloga cubanoamericana Silvia Pedraza, muchos cubanoamericanos permanecen en contacto con sus familiares y amigos en la Isla, a pesar de los obstáculos creados por los gobiernos de Estados Unidos y Cuba.[39]

Hasta ahora, el transnacionalismo cubano se ha desenvuelto en gran medida fuera de canales oficiales. Los costos económicos, políticos y emocionales de mantener vínculos familiares con Cuba siguen siendo relativamente altos. Como promedio, los cubanos llaman por teléfono, viajan y envían dinero a casa menos frecuentemente que otros latinos en Estados Unidos.[40] Rara vez retienen propiedades en la Isla y traen pocos productos hechos en Cuba cuando regresan a Estados Unidos (principalmente porque lo prohíbe el gobierno de

---

[39] Silvia Pedraza, "Assimilation or Transnationalism? Conceptual Models of the Immigrant Experience in America", en *Cultural Psychology of Immigrants*, Ramaswami Mahalingam, ed. (Mahwah, NJ: Lawrence Erlbaum, 2006), 46.

[40] Orozco et al., *Transnational Engagement, Remittances, and Their Relationship to Development*; Waldinger, *Between Here and There*.

EE.UU.). Pero la prolongada crisis económica de Cuba, a partir de 1989, revitalizó las redes de parentesco entre cubanos de fuera y dentro de la Isla. En consecuencia, las remesas han alcanzado un nivel moderado en comparación con otros países de América Central y el Caribe. En 2009, Cuba recibió aproximadamente 1,239 millones de dólares en remesas. El grueso de las remesas cubanas proviene de Estados Unidos, España y Venezuela.[41]

Prácticas para mejorar las relaciones entre los gobiernos y sus diásporas

El Cuadro 2, a continuación, resume los esfuerzos de varios Estados a través del mundo por incorporar a sus poblaciones residentes en el exterior. (Gran parte de la información recopilada en este cuadro proviene de los

---

[41] Manuel Orozco, *The Cuban Condition: Migration, Remittances, and Its Diaspora* (2009), http://www.thedialogue.org/PublicationFiles/cuban%20conditi on%20migration%20remittances_FINAL.pdf (consultado el 15 de junio de 2011); *Remittance Recipients and the Present and Future of Micro-Entrepreneurship Activities in Cuba* (2011), http://www.thedialogue.org/uploads/Remittances_and_Devel opment/RemittancesandsmallbusinessopportunitiesinCubaFIN AL.pdf (consultado el 15 de junio de 2011).

informes del Migration Policy Institute.)[42] Hemos agrupado estas políticas públicas en nueve categorías:

1) establecimiento de instituciones gubernamentales;
2) relaciones con actores no gubernamentales;
3) leyes sobre doble ciudadanía;
4) voto externo;
5) incentivos para la inversión;
6) "circulación de cerebros";
7) turismo étnico;
8) comercio nostálgico y
9) relaciones con organizaciones filantrópicas y voluntarias. Pasamos a detallar cada una de estas prácticas.

---

[42] Véase especialmente la compilación de Kathleen Newland, *Diasporas: New Partners in Global Development Policy*.

Cuadro 2
Buenas prácticas para mejorar las relaciones entre los gobiernos y sus diásporas

Práctica	Ejemplos
I. Establecimiento de instituciones gubernamentales A. Establecer estructuras administrativas bien financiadas, equipadas técnicamente y coordinadas con otras agencias del gobierno B. Aprovecharse de la experiencia y los talentos de los ciudadanos residentes en el exterior C. Incorporar a sectores representativos de diversos intereses y perspectivas dentro de la diáspora D. Colaborar con organizaciones internacionales para reclutar migrantes diestros que quieran trabajar en el país de origen E. Servir como enlace entre los gobiernos de los países emisores y los países de destino de los migrantes F. Utilizar las oficinas consulares del	Filipinas Haití Mali México

país emisor para ofrecer servicios a la diáspora (educación, salud, documentación) G. G. Fomentar la organización de las comunidades de residentes en el exterior	
II. Relaciones con actores no gubernamentales A. Promover el desarrollo de asociaciones de compueblanos, organizaciones religiosas y profesionales y otras organizaciones no gubernamentales de la diáspora B. Cabildear por la extensión de los derechos políticos de la diáspora con los gobiernos de los países emisores y receptores C. Establecer alianzas con otros grupos (laborales, religiosos) para incidir en las políticas públicas hacia la migración D. Levantar fondos para candidatos y partidos políticos afines a los intereses de la diáspora E. Utilizar los medios de comunicación electrónica –especialmente Internet–	Haití México

para mantenerse en contacto y promover sus causas

F. Preservar el legado cultural del país de origen mediante el arte, la música, el cine, la literatura y otras expresiones culturales

G. Ayudar a los países de origen a recuperarse económicamente de desastres como terremotos y huracanes

III. Leyes sobre doble ciudadanía	Alemania
A. Extender los derechos políticos de los emigrados y sus descendientes fuera del territorio nacional B. Eliminar el requisito legal de renunciar a una ciudadanía para adquirir otra C. Ampliar el concepto de ciudadanía basado en el *jus solis* (territorio de nacimiento o residencia) al *jus sanguinis* (territorio de origen o ascendencia) D. Enmendar la constitución para incluir a los migrantes como ciudadanos en el país de origen	Colombia República Dominicana

E. Abandonar el principio de la exclusividad de la ciudadanía para facilitar la integración de los migrantes a sus países de asentamiento	
F. Extender el derecho de entrar y salir del país de origen sin necesidad de visas	
G. Reconocer el derecho a tener propiedades en el país de origen, aun cuando se resida en el exterior	
IV. Voto externo A. Permitir la participación de los expatriados en el proceso electoral del país de origen B. Reservar escaños legislativos en el país de origen para representantes de la diáspora C. Eliminar el requisito legal de la residencia en el país de origen para poder participar en las elecciones nacionales D. Reconceptualizar la nación como una comunidad política y étnica dispersa a través de varios territorios	República Dominicana México Colombia Italia Portugal

E. Adaptar el concepto republicano de ciudadanía a un mundo donde las fronteras políticas son cada vez más borrosas

F. Definir claramente quién tendrá derecho a votar en el exterior (los nacidos en el país de origen y sus descendientes)

G. Proveer los mecanismos prácticos para implantar el voto externo (mediante el acceso a la inscripción y la votación)

H. Facilitar el voto externo mediante los consulados en los países de asentamiento

V. Incentivos para la inversión empresarial	China
A. Atraer a pequeños y medianos empresarios de la diáspora a través de préstamos, créditos y pareos de fondos	India Irlanda
	Israel
B. Proveer educación y adiestramiento técnico para desarrollar industrias intensivas de conocimiento (ciencia, ingeniería, administración de empresas)	

C. Reducir tarifas impositivas para importar materia prima y equipos al país de origen D. Establecer consultas regulares con profesionales de la diáspora E. Facilitar la entrada y salida de empresarios e inversionistas entre los países de origen y asentamiento mediante visados de entradas múltiples F. Simplificar los procedimientos burocráticos para establecer negocios en los países de origen G. Ofrecer incentivos contributivos a empresarios e inversionistas de la diáspora en áreas económicas estratégicas	
VI. Auspicio de la "circulación de cerebros" A. Fomentar el regreso de trabajadores altamente calificados (científicos, ingenieros) a sus países de origen B. Organizar redes de contactos profesionales que conecten a los residentes en la diáspora y en sus	Filipinas China India

países de origen

C. Facilitar las visitas temporales de profesionales de la diáspora mediante la flexibilización de las visas de entrada al país de origen

D. Simplificar los procedimientos burocráticos para obtener residencia y empleo en los países de origen

E. Mejorar la infraestructura física e institucional de los sistemas de educación y salud en los países de origen

F. Atraer a estudiantes, retirados, atletas y personal altamente calificado de la diáspora

G. Mejorar las oportunidades para la educación y el desarrollo profesional en los países de origen

VII. Promoción del turismo étnico	India
A. Desarrollar campañas de mercadeo y diseñar ofertas turísticas especializadas en las poblaciones de la diáspora, incluyendo el turismo educativo, médico, religioso y	Irlanda Israel México

cultural	Vietnam
B. Subsidiar eventos culturales y deportivos de interés especial para el turismo étnico (como las fiestas patronales de los pueblos de origen) C. Desarrollar una fuerte presencia mediática en Internet (incluyendo las redes sociales) D. Mercadear las marcas nacionales en múltiples medios de comunicación E. Facilitar el acceso a documentos públicos de interés genealógico (certificados de nacimiento, muerte, matrimonio, bautizo) F. Eliminar el requisito legal de visas para los ciudadanos residentes en el exterior G. Proveer subsidios estatales para convertir edificios históricos en hoteles y restaurantes H. Ofrecer el mismo nivel de calidad en las instalaciones y servicios para ciudadanos residentes en el exterior que para otros turistas	

VIII. Promoción del comercio nostálgico	España
A. Estimular exportaciones de productos artesanales de cooperativas B. Facilitar la manufactura, transportación y distribución de bienes característicos del país C. Fomentar la producción de bienes musicales, artísticos y cinematográficos de interés para los consumidores de la diáspora D. Colaborar con organizaciones comerciales privadas y públicas para apelar a los miembros de la diáspora en diferentes lugares de asentamiento E. Proteger los productos y marcas nacionales de la competencia desleal en otros países F. Promover arreglos cooperativos entre pequeños productores de bienes agrícolas y manufacturados para el comercio nostálgico	México Francia Italia
IX. Organizaciones filantrópicas y	Irlanda

     Cuban Research Institute – FIU

voluntarias	Vietnam
A. Fomentar donativos de grupos e individuos residentes en la diáspora mediante incentivos contributivos y pareos de fondos	Filipinas
B. Establecer relaciones de colaboración entre donantes en los países de asentamiento y países de origen	
C. Reclutar a individuos y grupos prominentes de la diáspora	
D. Atraer expatriados sumamente diestros al país de origen para misiones voluntarias	
E. Desarrollar programas para jóvenes de la diáspora que trabajen con grupos comunitarios en el país de origen	

El papel de las instituciones gubernamentales

Numerosos países emisores de migrantes –incluyendo a México, la India, las Filipinas, Haití y Mali– han establecido dependencias administrativas para relacionarse con sus diásporas. La mayoría de estas estructuras opera dentro del gobierno federal o nacional de los países emisores, especialmente como ministerios o vice-ministerios. El principal problema que confrontan estas dependencias es la insuficiencia de recursos financieros, técnicos y humanos. Tales instituciones deben atemperarse a las circunstancias particulares de sus respectivas diásporas y evaluar sus servicios y programas para hacer los ajustes necesarios. Deben aprovecharse las experiencias exitosas de países como México para desarrollar un diálogo de confianza entre los portavoces de la diáspora y el gobierno del país emisor, evitando errores y aprendiendo las lecciones del pasado.[43]

Las relaciones con actores no gubernamentales

Además de crear estructuras administrativas propias, los gobiernos emisores de migrantes pueden establecer alianzas estratégicas con organizaciones de la sociedad civil. Entre éstas, se destacan los grupos de migrantes del mismo origen regional (los compueblanos), asociaciones profesionales y religiosas, grupos de exalumnos, afiliados de partidos políticos y organizaciones comunitarias y caritativas. Estos grupos suelen tener una agenda muy amplia e igualmente diversa, desde abogar por la doble ciudadanía y el voto externo, hasta el reconocimiento de las minorías étnicas y religiosas, pasando por la

---

[43] Agunias, *Closing the Distance*.

reconstrucción del país de origen después de un desastre natural. Los gobiernos de los países emisores deben identificar a qué sectores de la diáspora representan estos grupos, cuáles son sus proyectos y recursos y cómo pueden contribuir al desarrollo nacional. Quizás el caso más exitoso sea el de las organizaciones judías en Estados Unidos que cabildean por el Estado de Israel.[44]

Las leyes sobre doble ciudadanía

Un número cada vez mayor de gobiernos emisores de migrantes ha reconocido legalmente a sus ciudadanos residentes en el exterior, aun cuando adquieran la ciudadanía de otro país. Actualmente, 16 países latinoamericanos aceptan la doble ciudadanía: Argentina, Bolivia, Brasil, Colombia, Costa Rica, Chile, Ecuador, El Salvador, Honduras, México, Panamá, Perú, República Dominicana, Uruguay y Venezuela. A principios del siglo XXI, por lo menos 100 países a través de todo el mundo reconocían alguna forma de doble ciudadanía.[45] La doble

---

[44] Kathleen Newland, *Voice after Exit: Diaspora Advocacy* (Washington, DC: Migration Policy Institute, 2010), http://www.migrationpolicy.org/pubs/diasporas-advocacy.pdf (consultado el 13 de junio de 2011).

[45] Rainer Bauböck, "Stakeholder Citizenship and Transnational Political Participation: A Normative Evaluation of External Voting", *Fordham Law Review* 75, núm. 5 (2007): 2393–2447; Stanley A. Renshon, *Dual Citizenship and American National Identity* (Washington, DC: Center for Immigration Studies,

ciudadanía permite a los migrantes adoptar otras lealtades políticas sin perder sus derechos en el país de origen, tales como votar, poseer propiedades y regresar al país. El principal beneficio práctico de la doble ciudadanía es permitirles a los migrantes entrar y salir sin restricciones legales en sus países de origen y asentamiento.[46] La extensión de la doble ciudadanía estrecha los lazos de los migrantes con sus países de origen, así como facilita su incorporación a los países de asentamiento.

El voto externo

Junto a la doble ciudadanía, el derecho a participar en las elecciones nacionales desde el exterior es cada día más común. Durante la década de 1990, muchas de las reformas constituciones y electorales en América Latina

---

2001), http://www.cis.org/articles/2001/paper20/renshondual.pdf (consultado el 13 de junio de 2011).

[46] Véase Rainer Bauböck, "Towards a Political Theory of Migrant Transnationalism", *International Migration Review* 37, núm. 3 (2003): 700–23; Cristina Escobar, "Extraterritorial Political Rights and Dual Citizenship in Latin America", *Latin American Research Review* 42, núm. 3 (2007): 43–75; Michael Jones-Correa, *Between Two Nations: The Political Predicament of Latinos in New York City* (Ithaca, NY: Cornell University Press, 1998); Jones-Correa, "Under Two Flags: Dual Nationality in Latin America and Its Consequences for Naturalization in the United States", *International Migration Review* 35, núm. 4 (2001): 997–1029.

---

le concedieron ese derecho a sus diásporas. Numerosos gobiernos han eliminado el requisito legal de residir en el país de origen para votar. Países como Italia, Portugal y Colombia incluso reservan espacios legislativos para representantes de sus comunidades expatriadas. Dos de los medios más comunes para instrumentar el voto externo son el voto en embajadas y consulados del país de origen y el voto por correo.[47] Sin embargo, las dificultades prácticas de organizar el voto externo han contribuido a unas bajas tasas de participación electoral entre algunos grupos de emigrados. De todos modos, el voto externo es uno de los mecanismos básicos para asegurar la participación política de la diáspora en su país de origen. También es una forma de fomentar las continuas remesas de los emigrados.

Los incentivos para la inversión

Algunos países emisores de migrantes han reclutado a empresarios e inversionistas de la diáspora para crear empleos y propiciar el crecimiento económico de sus países de origen. Los casos de China, la India, Irlanda e Israel demuestran que las diásporas pueden contribuir capital, tecnología, conocimientos y redes comerciales para desarrollar industrias intensivas en conocimiento,

---

[47] Bauböck, "Stakeholder Citizenship and Transnational Political Participation".

como la informática y la biotecnología. Varios de estos gobiernos han facilitado el acceso al capital y el desarrollo de destrezas, así como han reducido los impuestos para importar materias primas y equipos al país de origen, entre otras iniciativas.[48] Además, dichos gobiernos han permitido que los inversionistas y dueños de empresas de la diáspora entren y salgan libremente de sus países de origen y asentamiento. Tales medidas trasmiten claramente el mensaje de que los empresarios de la diáspora son bienvenidos en el país de origen.

La "circulación de cerebros"

Muchos países emisores de migrantes han perdido talento humano mediante el mecanismo conocido popularmente como "fuga de cerebros": la exportación de personal altamente calificado. Los mejores salarios, condiciones de empleo y oportunidades de desarrollo profesional en los países más industrializados de Europa Occidental y América del Norte atraen a numerosos profesionales, científicos y técnicos de los países menos industrializados de Asia, América Latina, el Caribe y África. Para muchos gobiernos emisores de migrantes profesionales y técnicos, el desafío es cómo rescatar esos

---

[48] Kathleen Newland e Hiroyuki Tanaka, *Mobilizing Diaspora Entrepreneurship for Development* (Washington, DC: Migration Policy Institute, 2010), http://www.migrationpolicy.org/pubs/diasporas-entrepreneurship.pdf (consultado el 13 de junio de 2011).

recursos humanos relocalizados en el exterior. Algunos países como las Filipinas, China y la India han fomentado el regreso de trabajadores preparados académicamente mediante la flexibilización de las visas de entrada y la simplificación de los requisitos para residir y trabajar en los países de origen. El mejoramiento de la infraestructura material e institucional, especialmente en las áreas de la educación y la salud, también ha sido una de las prioridades de dichos gobiernos.[49] Tales experiencias sugieren que es posible, aunque difícil, propiciar la "circulación de cerebros" entre las regiones menos desarrolladas y las más desarrolladas económicamente.

El turismo étnico

Una creciente proporción de los migrantes y sus descendientes visita regularmente sus países de origen. Los turistas de la diáspora suelen alojarse con parientes o en hoteles más pequeños, comer en restaurantes locales, comprar artículos de producción local y aportar más a la economía local que otros tipos de turistas. Muchos regresan a "casa" en fechas especiales como las Navidades, las fiestas populares y otras ocasiones rituales

---

[49] Kathleen Newland, Dovelyn Rannveig Agunias y Aaron Terrazas, "Learning by Doing: Experiences of Circular Migration", *Migration Policy Institute Insight* (septiembre de 2008): 1–26, http://www.migrationpolicy.org/pubs/Insight-IGC-Sept08.pdf (consultado el 13 de junio de 2011).

---

como cumpleaños y bodas. El turismo étnico puede generar demandas de nuevos tipos de bienes y servicios en las economías receptoras, como, por ejemplo, la organización de viajes a lugares de interés cultural o genealógico. Los gobiernos de los países emisores de migrantes pueden capitalizar en el interés de las nuevas generaciones de conocer sus "raíces" ancestrales a través de visitas guiadas a sus pueblos de origen. Varios países, incluyendo a la India, Irlanda, Israel, México y Vietnam, han promovido el regreso temporal de sus diásporas, en algunos casos permitiéndoles la entrada sin necesidad de una visa.[50]

El comercio nostálgico

Los emigrados constituyen un mercado de consumo cada vez más importante para sus países de origen. Adquirir productos étnicos es una manera de mantener las tradiciones culturales del país de origen en el extranjero. El comercio nostálgico consiste en la exportación de bienes producidos en los países de origen para su consumo en la diáspora, incluyendo comida, artesanías y ropa tradicionales. Los inmigrantes latinoamericanos y

---

[50] Kathleen Newland y Carylanna Taylor, *Heritage Tourism and Nostalgia Trade: A Diaspora Niche in the Development Landscape* (Washington, DC: Migration Policy Institute, 2010), http://www.migrationpolicy.org/pubs/diasporas-tradetourism.pdf (consultado el 13 de junio de 2011); Orozco et al., *Transnational Engagement, Remittances, and Their Relationship to Development*.

caribeños importan grandes cantidades de ron, cigarros, tamales, pan, té y queso, entre otros productos de sus países de origen.[51] Los pequeños negocios étnicos en los países de asentamiento, como Estados Unidos, son los principales intermediarios para estos productos. Países como España y México han estimulado la exportación de productos de cooperativas de artesanos; otros, como Italia y Francia, han minimizado el problema de las marcas nacionales (como el aceite de oliva y el vino) producidas en otros lugares.[52]

Las relaciones con organizaciones filantrópicas y voluntarias

Históricamente, los inmigrantes y sus descendientes se han caracterizado por donar dinero para promover diferentes causas en sus países de origen. Hoy día, las diásporas contienen numerosos individuos prominentes y organizaciones voluntarias interesadas en colaborar con el desarrollo de sus respectivas comunidades emisoras. Entre éstos se encuentran personalidades públicas, empresarios, deportistas, artistas y magnates, así como asociaciones de compueblanos, fundaciones privadas, grupos religiosos y otros donantes. Las experiencias de

---

[51] Orozco et al., *Transnational Engagement, Remittances, and Their Relationship to Development*.

[52] Newland y Taylor, *Heritage Tourism and Nostalgia Trade*.

---

varias fundaciones en la India, las Filipinas, el Líbano y Colombia confirman que las diásporas pueden hacer importantes contribuciones filantrópicas a sus países de origen. Asimismo, las diásporas pueden proveer trabajo voluntario y asesoramiento profesional en proyectos de desarrollo comunitario en sus países de origen.[53] Los incentivos contributivos y los pareos de fondos han sido mecanismos efectivos para canalizar donaciones de dinero y tiempo de parte de las diásporas, así como los programas de ayuda internacional apoyados por diversos gobiernos y organizaciones no gubernamentales.

---

[53] Kathleen Newland, Aaron Terrazas y Roberto Munster, *Diaspora Philanthropy: Private Giving and Public Policy* (Washington, DC: Migration Policy Institute, 2010), http://www.migrationpolicy.org/pubs/diasporas-philanthropy.pdf (consultado el 13 de junio de 2011); Aaron Terrazas, *Connected through Service: Diaspora Volunteers and Global Development* (Washington, DC: Migration Policy Institute, 2010), http://www.migrationpolicy.org/pubs/diasporas-volunteers.pdf (consultado el 13 de junio de 2011).

La diáspora cubana: Posibilidades y dificultades

La diáspora cubana asentada en Estados Unidos

Rasgos demográficos y económicos

Los datos sobre la comunidad cubana residente en Estados Unidos –donde radica la inmensa mayoría de los cubanos que viven en el exterior– reflejan la influencia económica y política de este grupo. El censo de 2010 de EE.UU. encontró 50.5 millones de hispanos en este país (16% de una población total de 308.7 millones). De ellos, los de ascendencia cubana representan el 3.5% de los habitantes de origen hispano, lo cual los convierte en el tercer grupo de esa procedencia, después de los mexicanos (31.8 millones, 63%) y puertorriqueños (4.6 millones, 9.2%).[54] Estos tres grupos constituyen las tres

---

[54] U.S. Census Bureau, *Nation's Hispanic Population Grew Four Times Faster than Total U.S. Population,* comunicado de prensa

cuartas partes de la población hispana en EE.UU. Si bien reside en este país un total de 1,785,547 cubanos y sus descendientes, la mayor parte de ellos, 1,213,438, vive en la Florida, y conforma el mayor grupo de migrantes latinoamericanos, en particular en el Condado de Miami-Dade.[55] De acuerdo con las cifras del Censo, hubo un incremento de cubanos en Estados Unidos, de casi un 44% entre 2000 y 2010.

Una encuesta del Pew Hispanic Center realizada en 2008 informó que el 58% de los cubanoamericanos hablaba inglés de manera fluida. El nivel de educación era superior al del resto de la comunidad hispana, ya que una cuarta parte había obtenido un título universitario, en contraste con sólo el 12.9% del resto de la población hispana.[56]

(26 de mayo de 2011),
http://factfinder.census.gov/home/saff/aff_transition.html
(consultado el 6 de agosto de 2011).

[55] Sharon R. Ennis, Merarys Ríos-Vargas y Nora G. Albert, *The Hispanic Population: 2010. Census Briefs* (mayo de 2011), http://www.census.gov/prod/cen2010/briefs/c2010br-04.pdf (consultado el 6 de agosto de 2011). Bajo el término de "cubanos" se identifica no sólo a los nacidos en la Isla sino a sus descendientes nacidos en EE.UU., quienes en las encuestas se describen a sí mismos como tales. Esta metodología no se aplica exclusivamente a los cubanos sino es la usada por estas encuestas con todos los grupos de migrantes y sus descendientes.

[56] Pew Hispanic Center, *Hispanics of Cuban Origin in the United States, 2008,* Fact Sheet (22 de abril de 2010),

En el año 2000 la comunidad cubanoamericana totalizó 1.2 millones de personas con una mediana de ingresos familiares de $30,084 anuales, que se traducían en 14.2 mil millones de dólares. Los autores de un estudio publicado en 2003 consideraron que si se sumaban los ingresos al valor de las empresas y propiedades de los cubanos radicados en Estados Unidos en 2000, el total rondaría los 40 o 50 mil millones de dólares.[57]

Las pesquisas del Pew Hispanic Center publicadas en 2008 estiman la mediana de ingreso personal de los cubanos de 16 años o más en $26,478, en ventajosa comparación con los $21,488 que se estima reciben los demás hispanos en esas edades. La crisis inmobiliaria y la recesión iniciadas en septiembre de 2007 pudieron haber disminuido los recursos de los cubanoamericanos.

La diferencia es aún más acentuada si se compara a los cubanos que vivían bajo la línea de pobreza en 2008, antes de la recesión, con las otras comunidades hispanas. Estas alcanzaban un 20.7% y los cubanos un 13.2%; el índice nacional entonces ascendía a 12.7%. No menos relevante es que antes de desatarse la crisis inmobiliaria, el 59.7% de los cubanos era dueño de sus viviendas –la

---

http://pewhispanic.org/files/factsheets/60.pdf (consultado el 6 de agosto de 2011).

[57] Díaz-Briquets y Pérez-López, The Role of the Cuban-American Community in the Cuban Transition, 1.

---

mediana nacional era de 66.6%– en comparación con el 49.1 % de los dueños en otras comunidades hispanas.[58]

Identidades y tendencias políticas

Más de la mitad de los cubanos residentes en Estados Unidos (58.2%) ya eran ciudadanos de este país en 2008, y actualmente están mucho mejor representados que otros grupos de inmigrantes, tanto en los gobiernos locales y estaduales, como en el federal. En la legislatura del estado de la Florida, de 13 representantes hispanos sólo dos no son de ascendencia cubana (uno es oriundo de Puerto Rico y otro es descendiente de españoles). En el Congreso federal hay seis cubanoamericanos. La presencia de estos cubanos en ambas cámaras congresales, conjugada con la eficacia del *lobby* político de grupos organizados de exiliados desde instituciones de la sociedad civil, ha sido un factor muy influyente – aunque no el único– en la promoción de leyes y la adopción de posturas políticas hacia Cuba por parte de diferentes gobiernos estadounidenses, tanto demócratas como republicanos.

Diversas universidades e institutos de Estados Unidos han seguido la evolución de la comunidad cubanoamericana. Los resultados investigativos sobre

---

[58] La mediana de ingreso anual divide la población en dos partes: aquella parte de la población cuyos ingresos exceden a la media y aquella otra cuyos ingresos se sitúan por debajo de ella.

temas cubanos han incentivado siempre no sólo el debate académico sobre sus aciertos o deficiencias, sino también acaloradas discusiones de naturaleza política e ideológica. Los referidos a la diáspora no han sido la excepción. En este caso sucede, por ejemplo, que algunas personas de la propia comunidad cubanoamericana consideran "políticamente incorrecto" referirse a los cubanos radicados en el exterior como "emigrados" que forman parte de una *diáspora*. En su lugar, reafirman la calificación tradicional de *exiliados*, bajo la cual se les ha reconocido por décadas y que consideran su genuina identidad grupal.

Las diásporas son comunidades complejas y plurales, compuestas por personas que tuvieron diferentes motivaciones para emigrar y relocalizarse en otro país. En ellas pueden encontrarse personas que se clasifican como refugiados políticos, asilados, exiliados, migrantes económicos, desplazados por guerras o desastres naturales y otras más. En ese sentido, muchas diásporas tienen entre sus miembros una franja de exiliados, pero no por ello puede afirmarse que toda la diáspora está compuesta por "refugiados" en el sentido de personas que huyeron de su país por temor a la persecución política, étnica o religiosa. Además, todo exiliado no deja de ser un emigrado, en el sentido de haberse desplazado a otro país, aun cuando su motivación fuese política y no eminentemente económica.

El concepto de diáspora proviene principalmente de la historia del pueblo judío y la saga de los esclavos traídos de África, y está por tanto asociado a la noción de un desplazamiento forzoso provocado por conflictos, persecuciones o discriminaciones. Sin embargo, su uso se ha flexibilizado hasta abarcar también a aquellos que parten para alcanzar una vida mejor, en busca de oportunidades que consideran inexistentes en el país donde nacieron, pero hacia el cual tienen motivos suficientes para sostener relaciones. Es decir, los miembros de una diáspora pueden tener múltiples razones para salir de su país natal y asentarse en otro de manera temporal o permanente. El denominador común es que no quieran romper con los diversos lazos que los unen al país de origen, aunque sostengan la creencia de que sus aspiraciones –sean personales o colectivas– no podían ser satisfechas en el momento en que decidieron desplazarse.[59]

A los efectos de nuestro informe, empleamos el término *diáspora* para referirnos a aquellas comunidades de nacionales de un país que se han radicado en otros por diversas razones, y cuyos miembros tienden a sostener diversos tipos de interacción, sea familiar,

---

[59] Gabriel Sheffer en su libro, *A New Field of Study: Modern Diasporas in International Politics* (Londres: Croom Helm, 1986), 3, afirma que "las diásporas modernas son grupos étnicos minoritarios de origen migrante que residen y actúan en los países de acogida pero mantienen fuertes lazos sentimentales y materiales con sus países de origen, sus patrias".

económica, cultural o política, con el país de origen, aunque una parte de la comunidad opte por distanciarse de él e intente integrarse en el país anfitrión.[60] Ese tipo de interacción –ejercida más allá de las fronteras del país de nacimiento y que a veces se completa legalmente con la tenencia de una doble ciudadanía– ha sido facilitado en décadas recientes por el impacto de la masificación del transporte y las nuevas tecnologías de la información y la comunicación.[61] Los Estados pueden promover u obstruir el creciente tejido de relaciones transnacionales que las diásporas ponen en movimiento con respecto a sus países de procedencia. Sin embargo, en ciertas circunstancias, la prosperidad de sectores y regiones vulnerables puede llegar a depender de diversas formas de cooperación constructiva con las diásporas.

De manera creciente desde el siglo XX, las comunidades emigradas han mantenido y desarrollado múltiples lazos culturales, económicos y políticos con sus países de origen, lo cual ha alterado la percepción de esas comunidades como entes segregados y marginales de sus patrias respectivas. La magnitud de algunas diásporas y el

---

[60] Shaffer, *A New Field of Study*.

[61] Alejandro Portes se refiere a este fenómeno como *transnacionalismo* y lo define como comunidades que movilizan lazos familiares y culturales para vencer las barreras del espacio y las regulaciones formales de los gobiernos, a fin de asegurar un flujo constante de gentes, bienes e información con el país de origen. Portes, *Economic Sociology: A Systematic Inquiry* (Princeton, NJ: Princeton University Press, 2010), 195.

complejo tejido de relaciones que sostienen con su país de origen han hecho que algunos expertos comiencen a hablar de naciones transnacionalizadas.[62] Bajo ese concepto describen el fenómeno, cada vez más frecuente, de una parte de la nación que se localiza físicamente fuera de las fronteras territoriales del país, pero mantiene una fluidez tal de interacciones con él, que no se le puede considerar ajena y separada de la vida nacional. Si bien el surgimiento de algunos de esos procesos de transnacionalización pueden identificarse incluso antes del siglo XX, las nuevas tecnologías y procesos de globalización han extendido y profundizado esa nueva realidad.

En el caso específico de los cubanos, existe una diáspora que tiene entre sus miembros a un sector de personas que se ven a sí mismas como exiliados o refugiados políticos, y pueden o no pertenecer a organizaciones de ese corte y participar en actividades propias de las políticas del exilio. Otros abandonaron Cuba sin desarrollar una conciencia opositora, no se identifican con el término de exiliados y dicen haber "emigrado" en busca de mejores oportunidades personales. Sin embargo, ciertas condiciones muy peculiares de la diáspora cubana representan un

---

[62] Véase el concepto de Estado-nación transnacionalizado que se explica en la sección anterior de este informe. El concepto se elabora en Jorge Duany, *Blurred Borders: Transnational Migration between the Hispanic Caribbean and the United States* (Chapel Hill: University of North Carolina Press, 2011).

denominador común entre los que se describen a sí mismos como exiliados y los que prefieren no hacerlo.

Con excepción de una minoría que goza de los Permisos de Residencia en el Exterior, todos –descríbanse como exiliados o como emigrados, sea cual fuere el país escogido para desplazarse– vieron en sus pasaportes un cuño estampado que indica una "salida definitiva del país" donde nacieron.[63] Han perdido el derecho a radicarse nuevamente en su país de origen.

Es así que un segmento relevante de la nación cubana actual ha sido formalmente excluido de su país de origen, al que sólo tiene acceso por medio de un permiso que puede ser revocado sin mediar explicación alguna. Es

---

[63] Las restricciones que la actual legislación cubana impone al derecho de residencia y tránsito fueron compiladas en el Informe Anual de la Comisión Interamericana de Derechos Humanos de 2009, organismo autónomo, aunque asociado a la Organización de Estados Americanos. Capítulo IV, Cuba, literal D, "Restricciones al derecho de residencia y tránsito", artículos 284–96 de la Comisión Interamericana de Derechos Humanos, Organización de los Estados Americanos, *Informe Anual de la Comisión Interamericana de Derechos Humanos 2009*, http://www.cidh.oas.org/annualrep/2009sp/cap.4Cuba.09.sp.htm (consultado el 25 de julio de 2011). En abril de 2011 el VI Congreso del PCC estudió la posibilidad de facilitar los viajes de cubanos a otros países en el futuro. Las declaraciones del Presidente Raúl Castro en la clausura del séptimo período de sesiones de la Asamblea Nacional del Poder Popular, el 1ro de agosto de 2011, incluían el anuncio de que el gobierno cubano trabajaba en la actualización de la política migratoria. Pero, al concluir la redacción de este informe, se desconoce el alcance que tendría esa flexibilización.

en esta muy excepcional condición donde radica la diferencia principal con respecto a otras diásporas, sometidas a leyes migratorias nacionales y estandarizadas internacionalmente.

Obstáculos a la plena incorporación de la diáspora

Los cubanos requieren de permisos gubernamentales para emigrar e incluso para viajar. Si salen sin el permiso correspondiente o este vence antes de que hayan retornado a la Isla, se les puede considerar "desertores" y ya no se les permite regresar a vivir al país donde nacieron, al cual en lo adelante apenas podrán visitar por un mes si se les otorga la visa correspondiente.[64] Cuando un cubano decide aventurarse a emigrar, su proyecto se transforma en una experiencia permanente de vida en la cual le está vedada la posibilidad de un patrón migratorio circular.[65] En tales casos, todas sus pertenencias –desde

---

[64] En el caso de las visitas de miembros de la diáspora a la Isla, el gobierno cubano ha preferido denominar a los visados "permisos de entrada", cuando se trata de autorizar una visita aislada –que no debe exceder un mes, prorrogable a dos–, o "habilitación de pasaporte", cuando se trata de una visa para múltiples entradas, la cual hay que renovar cada cierto tiempo y puede ser revocada en cualquier momento.

[65] Por patrones migratorios circulares nos referimos a una conducta en la que el migrante procura salir de su país de origen para obtener recursos financieros o experiencia profesional, pero su plan es retornar para invertirlos en su país

una casa hasta una bicicleta o un juego de mesa– son confiscadas por el Estado.[66] Más adelante, esa particular condición migratoria les presentará desafíos adicionales a los que experimentan personas de otras nacionalidades.

Las tarifas telefónicas de larga distancia hacia Cuba son las más altas del hemisferio americano y no hay acceso personal a Internet en la Isla –salvo en los casos en que el Estado ha concedido un correo oficial o cuando se utiliza el mercado negro. Las tarifas de los hoteles para conectarse a la red son muy altas. Cuba está entre los siete países de América Latina y el Caribe de más baja conectividad a Internet. Según una encuesta realizada por la Oficina Nacional de Estadísticas (ONE) de Cuba, sólo el

de origen, donde el capital acumulado le rendirá mucho más y sus conocimientos enfrentarían menos competencia que en un país desarrollado. Varias experiencias indican incluso un patrón de migración cíclica, donde se retorna al país de origen de no salir bien los proyectos, pero se vuelve al exterior para retornar después que se ha probado suerte en otro negocio. En Cuba, la llamada salida definitiva impide que el migrante y el país reciban los beneficios de ese patrón de circularidad. Para un análisis sobre los movimientos migratorios circulares véase Newland et al., "Learning by Doing".

[66] Es conocida la existencia de discusiones sobre este tema de las confiscaciones en Cuba, que pudieran conducir a su supresión. Sin embargo, al emitirse este informe esa posibilidad no se había materializado.

2.9% de los participantes dijo haber tenido acceso al menos una vez a Internet en 2008.[67]

Los trámites consulares para obtener la documentación necesaria para visitar su país de origen –o para llevar a un familiar de visita adonde se reside– son engorrosos y muy caros. La obtención de un pasaporte cubano en un consulado en Estados Unidos puede costar 400 dólares y apenas es viable por dos años, tras los cuales hay que pagar una cantidad adicional para extender su duración por otros dos. Mantener la vigencia de un pasaporte cubano por seis años supone un desembolso básico de $730, sin incluir las tarifas por gestionarlo.[68] Los pasajes para volar a Cuba desde el aeropuerto estadounidense más cercano, en Miami, y recorrer una distancia inferior a las 100 millas, promedian entre $300 y hasta $600 o más, según la temporada. Por esa cifra es posible en ocasiones obtener vuelos promocionales desde ese mismo aeropuerto a Barcelona.

---

[67] Oficina Nacional de Estadísticas, República de Cuba, "Tecnologías de la información y las comunicaciones. Uso y acceso en Cuba" (septiembre de 2010), http://www.one.cu/publicaciones/06turismoycomercio/TIC/20 09%20TIC%20Uso%20y%20Acceso%20en%20Cuba.pdf (consultado el 6 de agosto de 2011).

[68] Margarita Cervantes-Rodríguez, *International Migration in Cuba: Accumulation, Imperial Designs, and Transnational Social Fields* (University Park, PA: Pennsylvania State University Press, 2010), 214.

Cuban Research Institute – FIU

La legislación migratoria cubana: Necesidad de su actualización

Es esa desventaja excepcional en el punto de partida del creciente número de cubanos que arribaba a Estados Unidos, la que condujo al otorgamiento de ventajas excepcionales en el principal punto de llegada mediante la Ley de Ajuste Cubano.[69] Entre esa masa de cubanos, el gobierno de Estados Unidos no podía seleccionar a quiénes deseaba dar la bienvenida y a quiénes prefería deportar a Cuba, porque el gobierno de la Isla no los recibiría de vuelta, como ocurre con los inmigrantes indocumentados de otras nacionalidades. La única opción que desde entonces han tenido disponible EE.UU. y otros países, hasta que no cambie la política cubana sobre este asunto, es la de "ajustar" la situación migratoria de los cubanos que llegan a su territorio con la intención de quedarse, a fin de que no permanezcan en un limbo legal. Sin embargo, esta solución práctica al problema de la

---

[69] Cuban Refugee Adjustment Act (CAA). Aprobada el 2 de noviembre de 1966, la ley se adoptó para facilitar la tramitación de una condición legal a los ciudadanos cubanos que llegaran a territorio de EE.UU., pasaran inspección bajo las autoridades migratorias y esperasen un año sin trabajar antes de solicitar que fuere procesada su residencia. Contrario a un extendido mito, la ley no establece que todo cubano es automáticamente admitido como residente, sino que es "elegible" para solicitar ese estado jurídico. Sólo después de ser procesado se toma la decisión de otorgársele o no la residencia.

residencia legal de los cubanos y la laxitud de su implementación, incentivaron los proyectos migratorios hacia este país de muchas personas en la Isla, inclusive de aquellas carentes de documentos pertinentes tanto de Cuba como de Estados Unidos.

El tratamiento ideologizado desde 1960 en Cuba al tema migratorio y la calificación oficial de "traidores" a los potenciales migrantes, propiciaron la realización de "actos de repudio", como los ocurridos cuando el éxodo del Mariel en 1980. No es fortuito que aun aquellas personas que nunca se vieron a sí mismas como opositoras antes de salir de Cuba, y que incluso hoy no se perciben a sí mismas como exiliados, sientan fuertes emociones de rechazo por las circunstancias traumáticas que rodearon su salida del país y porque se les continúe negando sus derechos plenos como migrantes.

El gobierno cubano, sin embargo, no ha actualizado sus leyes para normalizar los procesos migratorios y las relaciones del país con su diáspora. Una normalización de ese tipo facilitaría, a su vez, que el gobierno de Estados Unidos regularizara los procesos migratorios con Cuba, incluyendo un acuerdo sobre deportaciones, y se posibilitara así la revisión de la Ley de Ajuste Cubano a fin de poner fin al incentivo migratorio que esa legislación conlleva.

El gobierno cubano ha expresado ocasionalmente que no podría garantizar la seguridad nacional si prescindiera de los permisos de entrada y salida del país. Sin rechazar la legítima preocupación de todo Estado por controlar sus fronteras, es difícil creer que la protección de la seguridad nacional frente a eventuales amenazas externas exija la limitación del movimiento de millones de personas. Una amenaza grave, confirmada e inmediata de terrorismo se cierne hoy sobre países tan diferentes como Estados Unidos, Rusia, Paquistán, India, Argelia y casi toda Europa occidental, pero ninguno de ellos ha recurrido al sistema de controles migratorios que rige en Cuba. Existen otras opciones para controlar las fronteras nacionales, sin necesidad de mantener una política migratoria restrictiva, propia de las aplicadas por el bloque socialista durante la Guerra Fría y que países como China o Vietnam ya han abandonado.

Posiciones de los cubanoamericanos respecto a las relaciones con Estados Unidos

Políticos y cabilderos en Estados Unidos encuentran en la comunidad cubanoamericana una base social que se ha transformado demográficamente a lo largo de cinco décadas y que hoy profesa un interés mayor por mantener y ampliar vínculos con familiares y amigos en su país de origen. En ese sentido, la comunidad es actualmente mucho menos favorable a la aplicación de estrategias violentas o aislacionistas que medio siglo atrás, cuando parte de esa comunidad se involucraba en acciones armadas contra el gobierno de La Habana o impulsaba sanciones que limitaran todo tipo de vínculos con la Isla.

Siempre hubo en la diáspora cubana radicada en EE.UU. quienes se opusieron a esas acciones armadas contra el gobierno en Cuba. Las encuestas (1993–2008) de la Universidad Internacional de la Florida (FIU, por sus siglas en inglés) muestran una tendencia creciente en la comunidad cubana a distanciarse de tales acciones y a oponerse a políticas aislacionistas que impidan el flujo normal de relaciones con sus familiares. La primera encuesta realizada por FIU en 1993 para auscultar las opiniones de los cubanos en Estados Unidos indicó que el 87% de los encuestados favorecía incrementar la presión económica internacional sobre Cuba, y un 73% se pronunciaba a favor de una acción armada de exiliados contra el gobierno de la Isla. En la encuesta de 2008, sin embargo, sólo el 45% favorecía mantener el embargo de Estados Unidos a Cuba y el 55% se oponía. A la vez, el 65% favorecía el restablecimiento de relaciones diplomáticas con Cuba, mientras que sólo el 35% seguía oponiéndose.[70]

Particularmente significativa fue la reacción a una pregunta de la encuesta realizada nuevamente por FIU en septiembre de 2011 que indagaba la opinión de los consultados acerca de la propuesta de ley que algunos congresistas cubanoamericanos estaban promoviendo en

---

[70] Institute for Public Opinion Research, *Cuba/US Transition Poll 2008* (Florida International University, Brookings Institution y Cuba Study Group, 11 de diciembre de 2008), http://www2.fiu.edu/~ipor/cuba-t/ (consultado el 5 de agosto de 2011).

ese momento para limitar nuevamente los viajes y remesas a Cuba. Dichas limitaciones, impuestas por el Presidente George W. Bush en 2004, habían sido progresivamente levantadas o flexibilizadas por la Administración de Barack Obama. Los congresistas consideraban que el indiscutible incremento en el flujo de remesas y visitantes a la Isla de parte de la comunidad cubanoamericana representaba una relevante contribución a la permanencia del actual sistema político cubano por lo que deberían decretarse ciertos límites a ambas cosas. Sin embargo, las respuestas de los encuestados a la pregunta sobre si apoyaban o no esas medidas reflejaron que el 61% se oponía a su aprobación. Si se desagregan las estadísticas y analizan las reacciones por grupos es posible apreciar que el 51% de los cubanoamericanos registrados como votantes se oponía a ese proyecto de ley. Pero también la rechazaba el 72% de los cubanoamericanos nacidos en Estados Unidos (o sea, los llamados cubanos de segunda generación), el 74% de aquellos con edades que oscilan entre los 18 y 44 años, y el 76% de los que arribaron a Estados Unidos después de 1994. (Ver la encuesta FIU 2011 en la página: *http://casgroup.fiu.edu/pages/docs/1696/1327495694_2 011_fiu_cuba_poll.pdf*, consultada el 15 de febrero de 2012)

La diáspora cubana –que incluye, entre otros, a exiliados y refugiados políticos– se asemeja cada vez más a otras comunidades que residen fuera de su país de origen y se esfuerzan por mantener vínculos con familiares, amigos e instituciones que dejaron atrás y a quienes ayudan de varias maneras. Sin embargo, el contexto en que la diáspora cubana intenta mantener relaciones normales con su país de origen es mucho más complicado y adverso, en comparación con otras nacionalidades. La política migratoria vigente en Cuba impide el patrón de migración circular y obstaculiza la actividad transnacional entre la diáspora y su país de origen, por lo que la Isla pierde considerable capital humano al prescindir de profesionales cuya formación supuso gran inversión de tiempo y recursos. Esta política migratoria singular tiende a alimentar el resentimiento de los emigrados hacia el gobierno de su país de origen y dificulta los lazos familiares con los residentes de la Isla.

Las nuevas disposiciones y la diáspora

Escasez de referencias a la diáspora en el discurso nacional reciente

En febrero de 2008 se formalizó la posición del General Raúl Castro como Presidente de los Consejos de Estado y de Ministros, y en abril de 2011 fue elegido, en el VI Congreso de Partido Comunista de Cuba (PCC), Primer Secretario de esa organización. Desde un inicio el Presidente Castro ha expresado reiteradamente su preocupación por mejorar la situación económica del país y se ha pronunciado a favor de un cambio en la actitud y mentalidad oficial hacia lo que se ha denominado sector no estatal de la economía.

Sin embargo, en estos cuatro años no ha ocurrido un cambio visible hacia la diáspora y su posible papel en el desarrollo del país. En el VI Congreso del PC no se decidió nada más allá de disponer que se hiciera un estudio sobre la posibilidad de facilitar los viajes al exterior de los cubanos residentes en la Isla, pero no se hizo referencia alguna a la posibilidad de que los miembros de la diáspora tengan un mayor acceso a su país natal. Ya concluida la redacción de este informe, cuando se procesaba para su traducción y publicación, la Comisión conoció las palabras de Raúl Castro, ante la sesión plenaria de la Asamblea Nacional del Poder Popular del 1 de agosto de 2011, en que anunciaba por vez primera que el gobierno trabajaba en actualizar la política migratoria.

La Comisión que redactó el presente informe estima que al así llamado sector no estatal de la economía se ha integrado de manera informal un sector de la diáspora cubana. Aun antes de que las nuevas medidas abriesen las expectativas de formalizar y ampliar el tejido de relaciones económicas entre el sector no estatal de la economía y la diáspora, esta ya inyectaba un sustantivo flujo de capital –equiparable al de cualquier sector económico de punta– con sus viajes a la Isla, remesas monetarias, pago por servicios telefónicos de larga distancia y celulares usados en Cuba y envío de productos y equipos.

Por su parte, el Presidente de Estados Unidos, Barack Obama, ha hecho de la comunidad cubanoamericana el centro de sus innovaciones en la política hacia Cuba. Desde su llegada a la Casa Blanca, el presidente Obama se ha esforzado por ganarse la buena voluntad de la diáspora y sus familiares en la Isla, mediante el levantamiento de restricciones y el establecimiento de facilidades en las relaciones recíprocas.[71]

---

[71] Según reportó el analista Ariel Terrero en la TV cubana basado en estadísticas de la ONE de Cuba, Estados Unidos ocupó el octavo lugar entre los países emisores de visitantes con casi 63 mil estadounidenses que viajaron en 2010 a la Isla. Sin embargo, podría considerarse que EE.UU. ocupa el segundo lugar después de Canadá (945 mil) por los más de 300 mil cubanoamericanos que se sumaron ese año a los visitantes de origen estadounidense. El aporte de esos visitantes cubanoamericanos a la economía en general y a la cobertura de necesidades sociales perentorias en Cuba es muy diferente al del clásico turista que viaja con equipaje liviano y cremas para protegerse del sol. Los visitantes de la diáspora, si bien gastan menos en alojamiento al hospedarse a menudo con familiares, dejan mayores beneficios de diverso tipo a la sociedad cubana. Pagan costos superiores por sus trámites de viaje (pasaportes cubanos, trámites para obtener permisos de entrada al país), hacen compras de regalos y realizan gastos importantes en comida, tanto en tiendas como restaurantes locales, además de cargar voluminosos equipajes repletos con variados productos y equipos para sus familias. *El Nuevo Herald*, "Cubanos emigrados son el segundo grupo que más visita la Isla" (7 de julio de 2011),

Entre tanto, la política migratoria cubana se ha mantenido básicamente inalterada, pese a que numerosas personalidades y funcionarios han manifestado que es hora de cambiarla, en especial mediante la supresión de los permisos de salida y entrada al país para los nacionales.[72] Otro tema hasta ahora no discutido públicamente ha sido el de permitir que los cubanos residentes en la Isla y otros países tengan el mismo derecho y facilidades para invertir en la economía nacional que los empresarios extranjeros o, al menos, que esos derechos sean equivalentes a los que se otorguen a los nuevos emprendedores del emergente sector no estatal. La llamada actualización del modelo económico aparece hasta el momento desconectada de toda posible actualización paralela de la legislación migratoria. La probabilidad de éxito de la actualización económica aumentaría si al mismo tiempo mejorase la relación entre Cuba y su diáspora.

No obstante, falta aún perfilar el alcance de las nuevas medidas económicas en Cuba y realizar un estimado de sus posibilidades de éxito. En primer lugar, el gobierno cubano debe definir con claridad si el sector no estatal va a desarrollar una economía de subsistencia,

---

http://www.elnuevoherald.com/2011/07/07/975896/cubanos-emigrados-son-el-segundo.html (consultado el 5 de agosto de 2011).

[72] Sobre el anuncio que hiciera el gobierno cubano en agosto de 2011 acerca de su intención de revisar la política migratoria, véase la nota 51.

---

restringida a 178 ocupaciones de ámbito muy limitado, o podrá participar en el desarrollo de la economía nacional en un sentido amplio. En segundo lugar, debido a la crisis existente de liquidez nacional, se necesita una inyección sustantiva de capital externo al sector emergente para que pueda absorber la fuerza de trabajo que perderá su empleo próximamente. También se requiere de la formación de capital humano e institucional para desarrollar una economía con más componentes propios de una economía de mercado. Estas realidades le plantean al gobierno cubano la necesidad de practicar de forma creativa la nueva mentalidad a la que ha convocado el presidente Raúl Castro.

Una parte del capital financiero, social y humano que necesita el sector emergente de la economía cubana puede provenir de la diáspora. En las actuales condiciones crediticias que enfrenta el país y teniendo presente que el levantamiento de las sanciones del embargo codificadas en la ley Helms-Burton (que incluye la prohibición de viajes de estadounidenses a Cuba) no es probable en un futuro previsible, sólo la diáspora podría aportar capital económico, social y humano con la rapidez necesaria para darle un impulso inicial al sector privado emergente en la Isla.

La diáspora: Recursos y posibilidades

Alejandro Portes y Min Zhou han señalado que "la literatura tradicional sobre desarrollo nacional ha prestado escasa atención al fenómeno de la migración internacional. Cuando lo ha hecho, el sentimiento general es que esos flujos eran otro síntoma de subdesarrollo o que habían contribuido a agravar aún más la situación vaciando regiones enteras de población y drenando el escaso talento disponible".[73] Portes y Zhou, sin embargo, llaman la atención sobre el hecho de que, si bien esa perspectiva ha comenzado a ser revisada al tomarse conciencia del monto significativo de recursos financieros que los migrantes remesan a sus países de origen, aún falta camino por recorrer. Según estos expertos todavía no se han estudiado adecuadamente los variados esfuerzos organizados que esas comunidades migratorias realizan por sí mismas, así como en cooperación con grupos localizados en los países de origen e incluso con los gobiernos de esas naciones.

¿Cuáles son las potencialidades de la diáspora cubana para involucrarse en los procesos de desarrollo de su país de origen y qué condiciones previas son necesarias para que puedan materializarse esas

---

[73] Alejandro Portes y Min Zhou, "The Eagle and the Dragon: Immigrant Transnationalism and Development in Mexico and China" (ponencia presentada en la Escuela de Derecho de la Universidad de Miami, 20 de abril de 2011).

posibilidades? La diáspora cubana en múltiples regiones del mundo y en Estados Unidos, donde radica casi el 80%, posee diversas formas de capital que serían de gran utilidad poner al servicio del país de origen. Ellas son: a) capital económico, b) capital social, c) capital humano y d) capital simbólico.

Capital económico

Bajo esta denominación incluimos todos los recursos financieros, productivos y de comercialización que tienen las empresas de diferente magnitud propiedad de cubanos radicados en el exterior. Como apuntamos anteriormente, Díaz-Briquets y Pérez-López estimaban un capital total de unos 40 a 50 mil millones de dólares entre ingresos y propiedades de la comunidad cubana en Estados Unidos en 2003.[74] También habría que contabilizar el valor de las remesas y paquetes —sean trasladados por vía formal o informal–, así como el pago de servicios de celulares en Cuba y de las llamadas de larga distancia desde y hacia la Isla, el cobro de trámites aduanales y migratorios, los gastos en que incurren los visitantes cubanos al viajar a su país de origen y otros ingresos informales cuyo monto multiplica de forma significativa los recursos que recibe Cuba.

---

[74] Díaz-Briquets y Pérez-López, *The Role of the Cuban American Community in the Cuban Transition*, Executive Summary.

Según un estudio concluido en mayo de 2011, la comunidad cubanoamericana aporta un 68% del total de remesas enviadas a Cuba y la frecuencia de los envíos es de ocho veces al año, con un promedio de $150 por envío en la actualidad ($1,200 como promedio anual). Por su parte, los receptores de remesas tienden a ahorrar una porción y el monto total acumulado en virtud de esos ahorros actualmente alcanza los $900 millones. El 87% de ese capital no está depositado en cuentas bancarias en la Isla. El 43% de los receptores de remesas no manifiesta por ahora interés en invertirlas en un negocio, mientras que el 34% expresa interés en hacerlo y el 23% ya lo ha hecho.[75]

La noción de que una apertura económica en Cuba abierta a la participación de la diáspora transformaría a sus miembros en futuros actores de los cambios no se ajusta a la realidad. Hace ya algún tiempo que los miembros de la diáspora interactúan con la economía nacional por las razones indicadas en el párrafo anterior y porque muchos cubanos participan en una

---

[75] Manuel Orozco, *Remittance Recipients and the Present and Future of Micro-Entrepreneurship Activities in Cuba* (2011), http://www.thedialogue.org/uploads/Remittances_and_Devel opment/RemittancesandsmallbusinessopportunitiesinCubaFIN AL.pdf (consultado el 6 de agosto de 2011); Manuel Orozco y Katrin Hansing, "Remesas: Presente y futuro de la pequeña empresa en Cuba", *Palabra Nueva* 20, núm. 209 (julio-agosto de 2011), http://www.palabranueva.net/contens/pag_segmento1.html (consultado el 6 de agosto de 2011).

---

economía de frontera sumergida entre la Isla y la Florida. Del mismo modo que las nuevas medidas económicas en Cuba tienen, entre otros, el propósito de "sacar a flote" la economía informal e integrarla a las estructuras formales de la economía, otro tanto podría hacerse con esta economía multimillonaria aunque informal que permanece en la penumbra entre la Florida y Cuba.

Estamos en presencia de un mercado fragmentado geográficamente en el que la demanda y el consumo se realizan en un lugar y la oferta en otros, y ambos están conectados por redes de familiares y amigos. Un recorrido por la publicidad de radio, prensa y televisión del Condado de Miami-Dade revela cadenas de tiendas suministradoras de una oferta cuyos compradores están localizados en esta ciudad, pero cuyos consumidores –los que generan esa demanda– están en Cuba. Muchos de los negocios de los trabajadores cuentapropistas en la Isla –como es el caso de barberías, alquiler de disfraces y vestidos de boda, restaurantes y otros– obtienen no sólo el capital inicial sino también suministros y sus instrumentos de trabajo, de sus relaciones con miembros de la diáspora. Otro tanto sucede con los que alquilan habitaciones en Cuba y se benefician del *marketing* que hacen sus amigos en el exterior sobre sus ofertas de alojamiento mediante el Internet.[76]

---

[76] El sitio web www.revolico.com, una suerte de *Craiglist* local con servidor en España, recibe unas 8 mil visitas únicas diarias. Existen otros dos sitios similares, también con servidor en

Capital social

Entendemos por capital social la capacidad de los miembros de la comunidad cubanoamericana para acceder a recursos adicionales a aquellos de los que disponen de manera directa en virtud de su inserción en redes sociales más amplias. El mundo de relaciones humanas, profesionales y empresariales de los migrantes constituye a veces el capital decisivo con el cual logran asentarse exitosamente o prosperar más tarde en los países de acogida. De igual modo los trabajadores por cuenta propia en Cuba, relacionados con miembros de la diáspora dispuestos a ayudarles, también cuentan con capital social. En el caso de la comunidad cubanoamericana –que no es la única de la diáspora que dispone de capital social– esas redes llegan mucho más allá de su enclave original y les han permitido a sus miembros una inserción favorable en el mundo financiero, empresarial, profesional y político en Estados Unidos y otros países.

Las primeras olas migratorias de cubanos portaban ya un capital social construido en la época

España, y un cuarto registrado en São Tomé & Príncipe con servidor en Holanda. Véase para mayor información el artículo de Tim Elfrink y Vanessa Grisalez, "Cuba's Black Market Moves Online with Revolico.com", *Miami New Times* (1 de octubre de 2009), http://www.miaminewtimes.com/2009-10-01/news/cuba-s-craigslist-the-island-s-black-market-moves-online-with-revolico-com (consultado el 6 de agosto de 2011).

prerrevolucionaria de la Isla. Muchas personas antes de salir de Cuba habían trabajado en empresas cubanas o extranjeras con un entramado internacional de relaciones. Si bien la mayoría había perdido todo su capital económico cuando el gobierno que ascendió al poder en 1959 se lo expropió, esas personas emigraban llevándose consigo los contactos internacionales con individuos e instituciones influyentes. Literalmente, si su capital económico les había sido confiscado en Cuba, su capital social era transportado en una libreta telefónica.

Al inicio, ese capital social fue puesto en función de encontrar nuevas fuentes de ingreso y préstamos para iniciar negocios en el país de acogida.[77] En el caso de Miami, las redes sociales de los cubanos sirvieron luego para proyectar con éxito la ciudad hacia el resto de las Américas y de algunos países de Europa, transformando a Miami en el centro transnacional de turismo, finanzas y comercio que es hoy. Si bien los primeros emigrados contaban con un capital social transnacional considerable, los que arribaron con posterioridad tenían su propio capital social. En su caso, podían contar con los cubanoamericanos ya establecidos exitosamente, quienes por lo general se convertían en fuentes de

---

[77] Alejandro Portes y Alex Stepick han documentado que muchos empresarios cubanos exiliados en Miami recibieron préstamos basados en su reputación personal (*character loans*) durante la década de 1960. Véase Portes y Stepick, *City on the Edge: The Transformation of Miami* (Berkeley: University of California Press, 1993), 132–35.

---

empleo, información y asesoría sobre las opciones para asentarse de forma exitosa en el país de acogida.

Capital humano

Describimos como capital humano el cúmulo de conocimientos, habilidades y experiencias que permiten desarrollar una labor productiva y crear valor económico. Al igual que sucede con el capital social, este tipo de riqueza no puede ser confiscada y quienes la poseen la transportan consigo. La hábil combinación de capital humano y capital social –ambos portátiles– le permite a un emigrado que haya perdido todo su capital económico en el país de origen, volverse a radicar exitosamente y prosperar en el país de acogida.

Como se ha dicho antes, las emigraciones cubanas a Estados Unidos desde 1959 han mostrado niveles de educación superiores a los de otros grupos migratorios y frecuentemente han logrado trasmitir esos niveles a sus hijos en los países de acogida. Al inicio fue un éxodo principalmente de sectores de clase alta y media, portador de significativas habilidades y de educación formal. Sin embargo, las oleadas posteriores mostraron también altos índices de escolaridad y formación profesional, como resultado de los planes masivos de enseñanza que el proceso revolucionario de 1959 puso en marcha.

Capital simbólico

El sociólogo francés Pierre Bourdieu incorporó los conceptos de *capital cultural* y *poder simbólico* a las ciencias sociales.[78] En su caso intentaba develar aquella modalidad de poder vinculada al control sobre los medios de producción cultural e información que facilita a sus poseedores la posibilidad de incidir sobre la formación de consensos sociales.

En nuestro análisis sobre los recursos de la diáspora cubana, sin embargo, nos servimos libremente del término capital simbólico para describir la capacidad de un grupo social –en este caso la comunidad cubanoamericana– de acceder a recursos públicos y privados controlados por otros grupos sociales que los ceden en su favor a partir de objetivos y valores compartidos. El capital simbólico de la diáspora cubana se construyó en la primera década del proceso revolucionario cubano, cuando fue acogida favorablemente por grupos influyentes en Estados Unidos que veían en ella ciertos atributos que valoraban altamente, como el patriotismo y el anticomunismo. Además, los recién llegados estaban dispuestos a contribuir, pagando incluso el precio de sacrificios y riesgos personales, al logro de propósitos que compartían con el gobierno estadounidense en el contexto de la

---

[78] Pierre Bourdieu y Loïc J. D. Wacquant, *An Invitation to Reflexive Sociology* (Chicago: University of Chicago Press, 1992), 119.

Guerra Fría. Si bien otras diásporas compartían algunos de esos atributos, ninguna como la cubana se acercaba tanto a la cultura de los estadounidenses de fines de la década de los 50.

El tipo de capital simbólico del que eran inicialmente portadores los recién llegados, sirvió para la construcción gradual de relaciones personales con individuos en posiciones importantes en el país de acogida. De ese modo, lo que en un principio pudiera considerarse como capital simbólico, según nuestro uso del término, fue transformándose paulatinamente en capital social para los cubanoamericanos, sobre todo para aquellos que servían de contacto directo entre la comunidad emigrada y sectores influyentes de la política y la economía de Estados Unidos.

A partir de 1959 y durante más de tres décadas, los que salieron de Cuba fueron recibidos en Estados Unidos como refugiados políticos y no como una masa de migrantes corrientes. No lo eran. Ese flujo migratorio de personas educadas fue visto con especial simpatía por el gobierno de Estados Unidos, aunque también por amplios sectores de la población estadounidense. La disposición de algunos exiliados a integrarse voluntariamente a acciones riesgosas auspiciadas por Washington contra el gobierno de La Habana o a involucrarse en el combate contra el comunismo en otros países y regiones – incluyendo la Guerra de Vietnam– le otorgó a la comunidad cubanoamericana un status simbólico especial con relación a los demás grupos de migrantes económicos.

Tanto las redes sociales liberales, como las conservadoras de empresarios y políticos estadounidenses, se mostraron proclives, sobre todo al inicio, a brindar diversas formas de apoyo a los grupos organizados de la comunidad cubanoamericana. De ese modo, poco a poco obtuvo ventajas legislativas y recursos superiores a los de otras comunidades, como resultado de gestiones en las que resultaba clave el capital simbólico de una comunidad que compartía valores y objetivos importantes con el país receptor.[79]

Sin embargo, al arrancar el nuevo milenio, los cambios en la composición demográfica de la comunidad, sus crecientes lazos con el país de origen –incluidas las visitas familiares que a veces se realizan poco después de arribar a Estados Unidos– y los recortes de recursos disponibles en este país, impuestos por una economía nacional en crecientes dificultades, han desdibujado el perfil simbólico del exilio inicial.

---

[79] Guillermo J. Grenier y Lisandro Pérez han desarrollado pormenorizadas investigaciones sobre los diferentes modos en que el capital simbólico de las primeras olas de exiliados contribuyeron a facilitarles recursos a las subsiguientes, para su asentamiento competitivo en Estados Unidos. Véase Grenier y Pérez, *The Legacy of Exile: Cubans in the United States* (Boston: Allyn & Bacon, 2002).

Posible apoyo de la diáspora al sector no estatal

No es propósito de este documento adentrarse en la situación económica de la Cuba actual, ni abogar por una economía "capitalista" o "socialista" tal y como han quedado binariamente ideologizados no pocos debates sobre el tema. Respecto a esa discusión nos atenemos a apuntar que en el mundo de hoy las sociedades exhiben una gran variedad de regímenes de gobernanza económica, con múltiples combinaciones de mecanismos de mercado y formas de participación estatal. Lo que está probado en todas partes, incluidas las economías más desarrolladas, es que el sector de pequeñas y medianas empresas es el que más empleo genera, además de ser un mecanismo que ha ayudado a millones de personas en todo el mundo a salir de la pobreza. En nuestro caso, pretendemos identificar en este documento aquellos factores que el sector no estatal emergente necesita para consolidarse y generar empleo en Cuba. Con ese fin, evaluamos la posibilidad de que los variados recursos en manos de la diáspora puedan contribuir a garantizar ese resultado.

La diáspora cubana, asentada en diversas regiones, pero particularmente en Estados Unidos, podría contribuir de manera sensible a dar respuesta a las demandas del sector emprendedor emergente. Como se ha apuntado antes, ya responde a esas necesidades −de forma todavía limitada, pero significativa− mediante transacciones propias de una economía de frontera sumergida en ambos lados del Estrecho de la Florida.

Por una parte, un sector de la diáspora motivado a involucrarse con el sector privado en Cuba, podría tomar iniciativas haciendo uso de las diferentes formas de capital que posee. Por otro lado, para "formalizar" la economía de frontera sumergida en el Estrecho de la Florida, a fin de incentivarla y expandirla, los gobiernos de Estados Unidos y Cuba tendrían que cambiar aquellos aspectos de sus leyes que les impiden a los migrantes cubanos hacer inversiones o tener propiedades en su país de origen.

Capital de riesgo y/o inversiones mixtas en pequeñas y medianas empresas

Hasta el presente, los cubanos en el exterior envían remesas y paquetes a Cuba; además, pagan cuentas de celulares a sus familiares en la Isla, realizan viajes de visita con otros regalos y les compran productos diversos en tiendas dolarizadas locales y mediante el Internet. Un estimado realizado por un ex funcionario de la empresa cubana CIMEX, especializado en estudios de mercado, asegura que el valor total de esos aportes ha llegado a los 3 mil millones de dólares.[80] Sin embargo, dadas las

---

[80] Emilio Morales, *Remittances to Cuba: Development, Evolution, and Impact* (Washington, DC: The Cuba Forum, Inter-

limitaciones sobre el sector privado y las que existen para que los emigrados puedan realizar inversiones en su país de origen, esos recursos han sido destinados al consumo y en pocas ocasiones han sido capitalizados en negocios locales.

Ahora la ventana se ha entreabierto: los cubanos que viven en la Isla pueden emprender algunos oficios especificados en un listado de 178 ocupaciones, hasta el momento. Sin embargo, apenas se trata de actividades propias de una economía de subsistencia y se mantienen también las prohibiciones para aquellos que "salieron definitivamente" del país, sobre las inversiones en el sector no estatal, bien sea de manera mixta (a través de familiares o amigos) o directa. El levantamiento de esas restricciones internas y externas tendría sentido económico y político. Por un lado, el Estado cubano debería definir qué campos de actividad económica estratégica desea preservar y permitir que todo lo demás sea realizado por iniciativa del sector no estatal. Por otra parte, el gobierno debería actualizar también su política respecto a la diáspora cubana.

Esas redefiniciones incentivarían un volumen mucho mayor de remesas, a fin de que los receptores puedan capitalizar parte de ellas y estén en condiciones de sostener su actual nivel de consumo basado en esos envíos. Manuel Orozco ha estimado que unos 100 mil

American Dialogue y Cuban Research Institute, Florida International University, septiembre de 2010).

nuevos negocios requerirían un promedio de $3 mil en micro créditos individuales para poder establecerse, por lo que calcula que el país requiere una inyección de unos $300 millones para satisfacer esa demanda.[81] Esa cifra es cercana a la tercera parte de lo que ya familiares y amigos en el exterior envían a Cuba.

De incentivarse el envío de remesas de modo que permita su capitalización, y de reconocerse la inversión directa de la diáspora en negocios en la Isla, se podrían multiplicar rápidamente la frecuencia y cuantía de los envíos, lo cual representaría una inyección inmediata de cientos de millones de dólares al sector no estatal emergente. Si consideramos ese potencial y los $900 millones que se estima han sido ya ahorrados por los receptores de remesas, el sector privado tiene la posibilidad de asegurar suficiente liquidez para invertir en sus negocios iniciales sin necesidad de depender para ello del Estado cubano.

Las remesas enviadas con el claro objetivo de ser capitalizadas y no consumidas, pueden entonces tomar diversas formas. Una de ellas es la de ser concedidas como capital a riesgo, confiado a familiares o amigos que desean emprender un negocio y buscan un "ángel inversionista" de la diáspora. También podrían configurar un emprendimiento mixto con conocidos o familiares que residen en Cuba, algo que ocurre hoy día, pero que no

---

[81] Orozco, *Remittance Recipients and the Present and Future of Micro-Entrepreneurship Activities in Cuba*.

puede declararse de forma abierta por las leyes cubanas que impiden la inversión de la diáspora en su país de origen.

En ambos casos, la modificación de las leyes cubanas, de modo que permitan esas y otras posibilidades, representaría un importante incentivo económico para personas que, además de querer ayudar a conocidos y familiares, también se motivan ante la posibilidad de iniciar un negocio conjunto en su país de origen, con réditos adicionales a sus ingresos regulares en el país de acogida, en este caso, Estados Unidos. Otra consideración importante es la de ayudar con una suma importante de dinero de una sola vez a sus familiares, para que puedan autosostenerse en lo adelante con un negocio propio. El familiar en la diáspora apostaría así a liberarse de la carga financiera constante que supone sostener el consumo de sus familiares en la Isla, además del de su propia familia en el país de residencia, sobre todo en tiempos de dificultades económicas.

Atracción de capital financiero mediante el uso del capital simbólico y social

Un cambio en las leyes cubanas que norman la exclusión de la diáspora enviaría un mensaje claro al exterior –que no pasaría inadvertido por gobiernos, organizaciones multilaterales y fundaciones privadas– de que La Habana abre finalmente la puerta a un proceso de normalización de relaciones con los cubanos que radican fuera de la Isla. Por su parte, la voluntad de la diáspora de asumir una relación estable con el sector privado en Cuba le daría a su capital simbólico un nuevo significado, en este caso, constructivo. Si en el pasado, para atraer recursos y obtener legislaciones beneficiosas, su capital simbólico estuvo basado en la confrontación con el Estado cubano, ahora adquiriría nueva significación bajo la imagen de una comunidad que se compromete a aportar recursos para el desarrollo del sector privado, y para beneficio directo de la población, sin que por ello tenga que claudicar o alterar sus creencias sobre el sistema político en Cuba. Ese capital simbólico renovado facilitaría la gestión de recursos de agencias internacionales de desarrollo, gobiernos e instituciones financieras internacionales, en beneficio del sector privado en Cuba.

La participación de la diáspora en la economía nacional también enviaría una señal a los grandes capitales corporativos extradiaspóricos de que la actitud hacia el sector privado está cambiando en Cuba. Si bien el capital en manos de la diáspora no puede equipararse al de, por ejemplo, una empresa global sueca como Ikea, esas corporaciones probablemente considerarían involucrarse en negocios con Cuba en el futuro, cuando los resultados de la experiencia inversionista de la diáspora sean positivos. Tal fue el caso de China con los capitales inversionistas de los llamados chinos de ultramar.[82]

Otro aspecto con precedentes en otras diásporas es la formación de fondos de capital de inversión, a los que se les suman los recursos gestionados con agencias de desarrollo y fundaciones filantrópicas.[83] Esos fondos

---

[82] "Los inversionistas privados chinos de ultramar proveyeron la parte más crucial de los recursos de inversión extranjera directa, en momentos en que el ambiente inversionista en China hubiera desalentado a los de otras nacionalidades. (...) Entre 1983 y 1990 cerca del 60% de toda la inversión extranjera provino solamente de Hong Kong y Macao". Minxin Pei, *From Reform to Revolution: The Demise of Communism in China and the Soviet Union* (Cambridge, MA: Harvard University Press, 1998), 108.

[83] Un experimento interesante es el de Ireland Funds, que consiste en una red de organizaciones de irlandeses fundadas en 1976 en 12 países. Al inicio apoyaron proyectos que pudieran promover un acuerdo de paz y reconciliación nacional. Más tarde han diseminado más de 300 millones de dólares entre 1,200 organizaciones no gubernamentales de Irlanda para trabajar en tres temas: paz y reconciliación, arte y cultura, y educación y desarrollo comunitario. El Rwandan Diaspora Mutual Fund es otro ejemplo de estos experimentos. Fue constituido por iniciativa de 11 personas de Ruanda residentes en Canadá, China, Etiopía, Malasia, Países Bajos, África del Sur, Reino Unido y Estados Unidos. El proyecto de ese grupo de personas de la diáspora ruandesa fue apoyado posteriormente por el Ministerio de Relaciones Exteriores, el Banco Nacional y el Consejo Asesor de Mercado de Capital de Ruanda. También en Liberia se constituyó el Liberian Diaspora Fund, un fondo de inversión social creado y administrado por liberianos residentes en Estados Unidos. El fondo invierte en pequeños negocios en Liberia. Aaron Terrazas, *Diaspora Investment in Developing and Emerging Capital Markets*

de inversión pueden también tomar el formato de *fondos mutuos*. Los recursos son manejados por estas instituciones de manera profesional –como cualquier portafolio inversionista privado– y pueden canalizarse para apoyar el desarrollo de diversas empresas en el país de origen. La diáspora cubana podría estudiar esas experiencias y adaptarlas como apoyo al sector privado en Cuba.

Acceso a mercados externos, *marketing* y *outsourcing*

Esto ya ocurre en un formato de economía sumergida e informal de frontera entre la Isla y la Florida. Cuando los miembros de la diáspora compran y envían insumos para los negocios de sus familiares en Cuba, o promueven en Internet el alquiler de casas en la Isla para turistas extranjeros, están cumpliendo funciones de comercio y mercadeo. La interrogante es si Cuba y Estados Unidos están preparados políticamente para admitir, legalizar y potenciar lo que ya existe *de facto* económicamente.

Uno de los renglones de actividad transnacional, que involucra a las diásporas con personas de su país de origen, es la formación de asociaciones y cooperativas en las que los miembros de la diáspora desarrollan una parte

---

(Washington, DC: Migration Policy Institute, 2010), http://www.migrationpolicy.org/pubs/diasporas-markets.pdf (consultado el 6 de agosto de 2011).

---

del proceso económico (importación, distribución y mercadeo) en los países de acogida, mientras que los productores elaboran y exportan desde el país de origen. Por lo general, el mercado de esos productos está conformado por la propia diáspora, aunque algunos tienen luego una recepción exitosa en el mercado del país receptor.

Otra área en la que las diásporas suelen tomar iniciativas empresariales, en asociación con personas de su país de origen, es el llamado *outsourcing* (la compra de productos manufacturados en una empresa extranjera para economizar costes). Mediante el Internet y las nuevas tecnologías de la información y las comunicaciones, algunas personas de la diáspora crean empresas conjuntamente con otras de sus países de origen, con la finalidad de ofrecer servicios de diverso tipo aprovechando la competitividad que supone su oferta a precios muy inferiores a los que cobraría un trabajador o profesional del país desarrollado.

Desde profesionales calificados, como los diseñadores, arquitectos, tutores de tesis y traductores, hasta trabajadores que se ofertan para hacer servicios de telemercadeo, el *outsourcing* es una ventana que se ha abierto a los países en desarrollo, con salarios más bajos que los países donde se contratan esos servicios. Esta situación, sin embargo, no ha dejado de crear tensiones con fuerzas proteccionistas del mercado laboral, como los sindicatos en países más desarrollados económicamente, que temen ver desplazada la mano de obra local por la barata que ofertan los países en vías de desarrollo. Esa sería una consideración a tener en cuenta de optarse por esa posibilidad.

Sin embargo, si se materializa el despido de entre un 10 y un 38% de la fuerza laboral empleada en empresas e instituciones estatales en Cuba, se provocaría el desempleo de muchos profesionales y expertos calificados, en cuyo caso la posibilidad de que personas de la diáspora pudieran organizar empresas para promover servicios de *outsourcing* sería lógica y atractiva. Pudiera proveer empleos a esos profesionales y desalentaría su emigración de no encontrar otras fuentes de empleo en la Isla. Esa posibilidad –como todo el tema del potencial de la diáspora en el desarrollo nacional– supone ciertas condiciones legales y técnicas relacionadas con el acceso a Internet y buenos sistemas de telefonía.

Aportes de herramientas, insumos y tecnologías

Los miembros de la diáspora cubana localizados en diversas partes del mundo, en particular en el sur de la Florida, han suministrado a familiares y amigos diversas herramientas, insumos y tecnologías (de computación y telefonía celular) para emprender o desarrollar negocios en la Isla. Esta "exportación" de bienes ya existe, pero como parte de una economía de frontera informal y sumergida, por lo que la escala de esas transacciones es aún muy reducida, si bien ha resultado decisiva para consolidar los emprendimientos de los "importadores" o receptores en Cuba. La pregunta en este caso es si sería factible que las legislaciones estadounidense y cubana reconocieran ese comercio y lo sacaran a la superficie, lo cual permitiría un importante salto en su volumen.

Uno de los cuellos de botella para el desarrollo del trabajo por cuenta propia y de las pequeñas y medianas empresas en Cuba, es la ausencia de un mercado mayorista que suministre a los emprendedores cubanos herramientas, insumos y tecnologías apropiadas.[84] La diáspora con sus contrapartes del sector no estatal podría organizar ese comercio mayorista, si el gobierno cubano admitiera que con ello se daría solución relativamente rápida a esta importante traba al crecimiento del sector, y si el gobierno de Estados Unidos considerara que el sector no estatal cubano debe ser excluido de las sanciones del embargo al haberse retirado el Estado de esa zona de actividad económica.[85]

---

[84] Los economistas cubanos Pavel Vidal Alejandro y Omar Everleny Pérez Villanueva elaboraron un documento sobre el trabajo por cuenta propia en Cuba que concluye con ocho propuestas; la quinta es la necesidad de crear un mercado mayorista para el sector no estatal. Pavel Vidal Alejandro y Omar Everleny Pérez Villanueva, "Entre el ajuste fiscal y los cambios estructurales: Se extiende el cuentapropismo en Cuba", *Suplemento Digital* de *Espacio Laical*, núm. 112 (octubre de 2010), http://espaciolaical.org/contens/esp/sd_112.pdf (consultado el 25 de julio de 2011).

[85] El 3 de agosto de 2010, el periodista Juan Tamayo de *El Nuevo Herald* publicó una información en la sección "Cuba" de

Asesoría y adiestramiento

Hasta hace pocos años, un tema recurrente en la bibliografía sobre migraciones era el del llamado drenaje de cerebros por parte de las economías desarrolladas. La emigración de personas calificadas, que deseaban completar su formación profesional o buscar otras experiencias laborales, era considerada un juego de suma cero entre países más desarrollados y países en vía de desarrollo, los cuales aparecían como "perdedores" en esta ecuación.

Sin embargo, las investigaciones más recientes han llamado la atención sobre el hecho de que, si se impulsan patrones migratorios circulares y se incentiva y organiza el traspaso de experiencias y conocimientos de los miembros de la diáspora a los profesionales de su país de origen, el supuesto drenaje puede terminar resultando

---

ese periódico, donde se anunciaba la disposición de la agencia USAID del gobierno del Presidente Obama a proveer tres millones de dólares para el desarrollo de trabajos por cuenta propia y pequeños negocios en Cuba ("EEUU ofrece $3 millones para grupos marginados en la isla", 4 de agosto de 2010, http://www.elnuevoherald.com/2010/08/03/777031/eeuu-ofrece-3-millones-para-grupos.html, consultado el 6 de agosto de 2011). Con independencia de las reservas levantadas por el gobierno cubano sobre las intenciones políticas detrás de cualquier oferta de USAID, el hecho creó un precedente en el sentido de considerar a ese nuevo sector no estatal exento de las sanciones del embargo y potencial receptor futuro de ayuda al desarrollo. También han ofrecido dinero y asistencia a las pequeñas y medianas empresas (PYMES) la Unión Europea, Brasil, España y $10 millones el Cuba Study Group.

---

una ganancia y el juego de suma cero se pudiera transformar en otro en el que todos salen ganando (win-win).

Por otro lado, los miembros de las diásporas son más proclives a brindar su talento profesional a compatriotas de forma filantrópica o mediante el cobro de honorarios simbólicos, mientras que los consultores y expertos extranjeros, de igual o incluso menor experiencia, exigen mucho más por sus servicios.

La incorporación de criterios de mercado en el funcionamiento de la economía nacional y la apertura de un sector privado dentro de ella suponen la existencia de diversos conocimientos y experiencias que no han estado al alcance de quienes gestionaban una economía estatizada o de los que nunca han sido emprendedores privados. No sólo los futuros trabajadores por cuenta propia y propietarios de pequeños negocios requieren saber lo básico sobre cómo se analiza un mercado potencial y se encuentra un nicho competitivo, sino que los funcionarios estatales que han de relacionarse con el sector también necesitarán de capacitación.[86]

---

[86] En una entrevista a Pavel Vidal, publicada por la revista *Espacio Laical* en febrero de 2011, el economista cubano indicó que hay un problema de capacidad institucional para poder gestionar los cambios y utilizó el ejemplo de cómo "el sistema financiero cubano no está preparado para trabajar con cuentapropistas, microempresas y cooperativas fuera de la agricultura". Lenier González Mederos, "Desarticular el monopolio de la gestión estatal: Entrevista a Pavel Vidal Alejandro", *Espacio Laical*, núm. 123 (febrero de 2011), http://espaciolaical.org/contens/esp/sd_123.pdf (consultado el 25 de julio de 2011).

La diáspora cubana históricamente ha tenido una considerable cantidad de profesionales destacados. Entre ellos no faltarían los dispuestos a traspasar sus experiencias si el país les diera un vuelco a las políticas migratorias y aceptara en pie de igualdad y con respeto a sus emigrados, sea cual fuere la causa que originó su desplazamiento o sus actuales creencias y preferencias.

Desde hace más de tres décadas existen múltiples experiencias e iniciativas mediante las cuales se procura motivar a los profesionales de las diásporas para que ayuden con sus conocimientos al desarrollo de sus respectivos países de origen. Quizás el proyecto más antiguo sea el que desde 1977 impulsa el Programa de las Naciones Unidas para el Desarrollo (PNUD) sobre la transferencia de conocimientos a través de nacionales expatriados, que se conoce por las siglas TOKTEN.[87] Entre los rasgos del proyecto se destacan los siguientes:

- Mantener una base de datos actualizada de potenciales voluntarios de la diáspora dispuestos a cooperar con el programa.

- Establecer los requerimientos de edad, excelencia, experiencia y voluntariedad

---

[87] Terrazas, *Connected through Service*. Las siglas de TOKTEN responden al programa del PNUD   Transfer of Knowledge through Expatriate Nationals

de necesario cumplimiento para ser seleccionado por el programa.

• Identificar y priorizar las necesidades del país para poder definir las mejores modalidades de los proyectos de asesoría de forma casuística.

• Asegurar los recursos requeridos para apoyar estas consultorías voluntarias (pasajes, alojamientos y remuneraciones por debajo de las que cobran los consultores internacionales –entre un 50% y hasta un 75%).

• Garantizar que los consultores trabajen en el país de origen por periodos de tiempo limitado (días, semanas o meses), sin esperar que retornen a ellos de manera definitiva.

En un contexto de normalización de relaciones del Estado cubano con su diáspora podría pensarse en proyectos similares financiados con recursos de la cooperación internacional al desarrollo y privados (incluidos los de la propia diáspora).

Obstáculos y dificultades

Si bien existe un significativo potencial de variados recursos en manos de la diáspora cubana, que podrían ponerse al servicio del sector privado emergente y del desarrollo del país, es necesario vencer considerables obstáculos legales y subjetivos para materializar ese conjunto de posibilidades. En el caso específico de la diáspora cubana hay siempre un sector considerable de personas renuentes a adoptar iniciativas que puedan ayudar de manera indirecta a un sistema de gobierno que rechazan. Es igualmente evidente que en Cuba también un sector en el gobierno ve con recelo la posibilidad de abrir la economía a los miembros de la diáspora, porque supone que ello le permitiría su rápida instalación como un actor influyente en la vida nacional. Si esas fuesen las únicas dos interpretaciones posibles ante este tema, estaríamos ante otro juego de suma cero, donde para que uno gane tiene que perder el otro, de manera completa y definitiva además.

Sin embargo, un tercer sector de opinión ha crecido considerablemente desde la década de los 90, tanto en Cuba como en la diáspora, que no cree necesario esperar a ver qué camino toma finalmente el sistema político cubano para trabajar de diversas formas con sus conciudadanos. Esas personas en la diáspora creen que es posible apoyar a familiares y amigos del sector privado emergente en la Isla, incluso si el régimen político se mantiene por ahora estático. No por ello menosprecian el valor de los derechos políticos y civiles, o son defensores del modelo autocrático chino de capitalismo, sino que están urgidos por las apremiantes circunstancias de sus seres queridos que demandan respuestas no dilatadas y buscan mayor prosperidad.

El que compra en Miami tintes y tijeras para enviar a su hermana en Cuba, que trabaja como peluquera por cuenta propia, no desea que su acción sea juzgada u obstaculizada desde un esquema político que le exigiría abandonarla a su suerte para ver si así se acelera una transición en la Isla. Tampoco la anciana que vende café en el portal de su casa habanera y pudo instalar el negocio ahorrando las escasas remesas que le enviaba un hijo balsero que trabaja de lavaplatos en una cafetería de Hialeah, quiere que una sobrecarga fiscal le impida sostenerse por sí sola, porque trata de no ser un lastre para su hijo.

Esas personas, que constituyen casos reales conocidos por los autores de este informe, tienen que dar respuesta aquí y ahora a problemas humanos muy concretos y consideran que no pueden esperar por soluciones nacionales que después de medio siglo pueden seguir demorándose. Ante todo, están reivindicando su derecho a comenzar a labrarse un destino con esfuerzo propio y no ven legitimidad en los argumentos de quienes les recomiendan posponer sus proyectos. Si existe una fuerza social comprometida con cambios aquí y ahora es la compuesta por esa masa crítica de cubanos de la diáspora y radicados en Cuba que desean comenzar a practicar la libertad económica –y se esfuerzan por expandirla– sin más dilaciones.

Sin embargo, las posiciones de mayor o menor intransigencia o flexibilidad de la que hoy son portadores diferentes sectores en Cuba y la diáspora no son estáticas. Unas y otras están abiertas todavía a las influencias de cambiantes circunstancias y pueden desplazarse con relativa facilidad hacia el polo opuesto, según marchen los acontecimientos en Cuba. Esa fluidez es aún mayor, porque no existe hasta el presente una normalización de las relaciones entre el Estado cubano y la diáspora.

La apertura de un sector privado en Cuba sugiere la posibilidad de que la diáspora pueda apoyarlo y comprometerse en sacarlo adelante. Pero ello requerirá de un cambio de mentalidad y de la legislación migratoria vigente en Cuba desde la década de los 60. Ambos factores constituyen los dos grupos principales de obstáculos en el camino hacia la normalización de relaciones con la diáspora y la reconciliación nacional a la que es legítimo y posible aspirar.

Además de las cuestiones que deben ser resueltas en Cuba para asegurar la posibilidad de que el sector no estatal pueda consolidarse (alivio o moratoria fiscal, seguridades legales a los emprendedores, así como otras que han sido antes señaladas por algunos de nosotros y por economistas de la Isla), otro conjunto de desafíos debe ser superado si se desea que la diáspora pueda contribuir al desarrollo de dicho sector. Entre ellos se encuentran los siguientes:

Marco normativo: Actualización de la legislación migratoria

La llamada actualización del modelo económico requiere de una actualización paralela de la legislación migratoria, que facilite el acceso a algunos de los capitales, mercados, tecnologías y conocimientos que requieren las nuevas medidas económicas y posee la diáspora. La actual legislación promueve la emigración unidireccional permanente y obstruye el transnacionalismo de la diáspora con la Isla.

Una de las razones por las cuales las personas se desplazan y radican en otro lugar es que no ven perspectivas de futuro en su país, sea por causas económicas o políticas. Pero esa pérdida de recursos demográficos, económicos y de capital humano y social puede agravarse y hacerse irreversible en virtud de la legislación migratoria del país emisor. Existe una diferencia crucial entre una legislación que alienta la emigración permanente y otra que estimula un patrón migratorio circular o que, por lo menos, permite una relación fluida y flexible entre la diáspora y su país de origen.

Cuando una persona emigra con el propósito de establecerse de forma permanente fuera de su país de origen, se siente estimulada a hacer un mayor esfuerzo por triunfar en el país de acogida, para poder trasladar también a sus familiares, en vez de limitarse a enviarles remesas. El migrante permanente lleva consigo su capital económico (tras liquidar sus propiedades para invertir ese dinero en su asentamiento en el país receptor), humano y social. En cambio, el migrante temporal por lo general no priva al país de origen de esos recursos, sino que los expande con los adquiridos en el exterior, y retorna con ellos para reinvertirlos en su nación.[88]

Si bien es difícil establecer diferencias tajantes entre las dos categorías debido a la fluidez de sus propósitos y situación, pueden distinguirse ciertas peculiaridades de los migrantes permanentes y los temporales. El objetivo general del migrante permanente es triunfar y quedarse en el exterior; el del migrante temporal es adquirir recursos suficientes para retornar, invertirlos y triunfar en su país de origen. El migrante permanente lleva consigo diversas formas de capital que pueden no retornar al país de origen y tiende más a traspasarlo a otros familiares una vez que se ha asentado, por lo que el país de origen pierde población y recursos humanos si alienta este patrón migratorio. El migrante temporal tiene como objetivo adquirir recursos adicionales a los que ya tenía, que luego lleva a su país de

---

[88] Dovelyn Rannveig Agunias y Kathleen Newland, *Circular Migration and Development: Trends, Policy Routes, and Ways Forward* (Washington, DC: Migration Policy Institute, 2007), http://www.migrationpolicy.org/pubs/MigDevPB_041807.pdf (consultado el 25 de julio de 2011).

origen y no busca trasladar al exterior a familiares adicionales, por lo que el país de origen gana nuevos recursos con la migración circular.

De lo anterior se desprende que las legislaciones que favorecen los patrones circulares de migración sobre los permanentes, resultan más beneficiosas a los intereses nacionales que las que hacen lo inverso. Pero también hay una diferencia sustantiva entre una legislación que alienta el transnacionalismo de su diáspora y otra que lo inhibe. Por transnacionalismo entendemos un patrón de conducta en el que una diáspora se esfuerza por asegurar un flujo constante de gente, bienes e información con el país de origen.[89] Los gobiernos tienen la opción de considerar que la población radicada fuera del territorio nacional es una "pérdida" de la que ya no han de ocuparse, o pueden entender que es una parte de la nación a la que deben alentar y facilitar un flujo intenso y variado de relaciones con su país de origen.

Según señalamos anteriormente, gobiernos en diversas regiones del mundo han creado oficinas, adscritas generalmente a los ministerios de relaciones exteriores, para atender las necesidades de sus respectivas diásporas en los países de acogida y alentarlas

---

[89] Como comentamos anteriormente, Alejandro Portes aplica esta concepción de forma fructífera en sus estudios sobre las comunidades mexicanas y chinas en Estados Unidos, según queda expuesto en su libro, *Economic Sociology*.

a sostener una relación constante y diversa con su país de origen. Esta política tiene su base en el reconocimiento del caudal de recursos financieros, humanos y de relaciones sociales de la diáspora, y de que esos emigrantes, aun después de consolidar su presencia en los países de acogida, no siempre abandonan sus relaciones con el país emisor. Una buena parte de esas personas viaja constantemente a sus respectivos países de origen y desarrolla un complejo tejido de relaciones empresariales, culturales y científicas con ellos.

Como han advertido varios especialistas en estos temas,[90] si ese tráfico llega a alcanzar suficiente intensidad y volumen tiene el potencial de transformar *de facto* lo que hasta entonces era esencialmente una emigración unidireccional y permanente en una variante de emigración circular, bajo la cual resultaría factible rescatar por esa vía –ahora enriquecidos– los recursos que se perdían antes en el país emisor con las migraciones previas. Ese es el objetivo que hoy procuran

---

[90] Para una mayor información sobre los patrones de migración circular (también conocidos como migración temporal o "golondrina") pueden revisarse los siguientes materiales: Newland et al., "Learning by Doing"; Dovelyn Rannveig Agunias, *Managing Temporary Migration: Lessons from The Philippines Model* (Washington, DC: Migration Policy Institute, octubre de 2008), http://www.migrationpolicy.org/pubs/Insight_POEA_Oct07.pdf (consultado el 6 de agosto de 2011); Portes y Zhou, "The Eagle and the Dragon".

los gobiernos de China y México con sus respectivas diásporas, así como otros que les siguen los pasos.

Por último, en un futuro inmediato el envejecimiento de la población en Cuba (el más acelerado de América Latina, después de Uruguay y Puerto Rico) quizás obligue a atraer inmigrantes de otras nacionalidades –como ocurrió a lo largo de la era republicana–, tanto para algunas ocupaciones profesionales como para ciertos trabajos básicos. Una actualización de la política migratoria podría desde ahora conformar una visión estratégica para enfrentar ese desafío futuro.

El posible apoyo y la eventual integración de miembros de la diáspora al sector no estatal emergente, como socios o inversionistas, suponen cambios en la legislación cubana, pero también –para los cubano-americanos– de la legislación estadounidense. Los miembros de la diáspora, antes de comprometer recursos sustantivos en relación con el sector emergente, van probablemente a considerar varios factores:

a) ¿Qué nivel de seguridad legal y constitucional tiene el nuevo sector privado frente a eventuales giros de la política estatal como los que ocurrieron anteriormente?

b) ¿Qué oportunidades prometedoras le presenta el mercado cubano a una inserción desde el sector no estatal?

c) ¿Qué nuevas leyes y artículos constitucionales avalan el derecho de los migrantes cubanos a participar en pie de igualdad dentro de ese sector emergente?

d) En el caso de los cubanoamericanos, ¿qué reinterpretación o flexibilización de la Ley Helms-Burton podría permitirle a la diáspora integrarse a los negocios del sector no estatal en Cuba?

Contexto subjetivo

Como se ha señalado en este informe, desde 1960 y hasta fechas recientes, los flujos migratorios cubanos hacia el exterior estuvieron marcados por procesos de desgarramiento emotivo, desarraigo, estigmatización, hostilidad, acosos y agresión física contra individuos e incluso contra algunas embarcaciones de emigrantes indocumentados que deseaban llegar a Estados Unidos o a otro país cercano a Cuba, lo cual provocó en más de una ocasión la pérdida de vidas humanas. A lo largo de estos años, miles de personas en la Isla y la diáspora han perdido familiares y amigos en el mar cuando intentaban emigrar, evadiendo no sólo el permiso de salida, sino todo el contexto traumático de situaciones previas a la partida. Una parte considerable de esas salidas irregulares está vinculada al interés del potencial migrante de desplazarse a Estados Unidos cuando no ha obtenido la visa de ese país.

La Ley de Ajuste Cubano –concebida para otros fines– ha supuesto también un incentivo a la migración de personas carentes de la visa estadounidense, porque facilita el proceso de asentamiento legal en el principal país de acogida de esos flujos migratorios, y tendrá que ser estudiada para adaptarla a la actual situación migratoria cubana y la economía de Estados Unidos y del estado de la Florida. Pero, del lado cubano aún se mantienen elementos legales (necesidad de un permiso estatal, despido laboral, confiscación de propiedades, exclusión del derecho de retorno) y subjetivos (la constante retórica oficial de que los que desean emigrar quieren abandonar su patria porque no quieren compartir los sacrificios del pueblo) que continúan marcando negativamente la psiquis de los que han arribado a la diáspora en fechas más recientes. Una actualización de la política migratoria supone, además de la supresión de las circunstancias y medidas anteriormente citadas, un conjunto de iniciativas dirigidas a transformar la anterior mentalidad antiemigrante en Cuba, de modo que envíe una señal clara a la diáspora de que es bienvenida a incorporarse al desarrollo del país, sin ningún tipo de menosprecio o discriminación.

Conclusiones y recomendaciones

La Comisión ha procurado hacer una contribución intelectual a una posible modernización de la legislación y la política migratorias cubanas con efectos positivos en las relaciones de la diáspora con su país de origen. Los miembros de la Comisión consideran que de ese modo aportan a los intereses de las familias cubanas en ambas márgenes del Estrecho de la Florida.

Las consideraciones de la Comisión, sin embargo, no están circunscritas al presente. Se formulan desde la perspectiva del potencial que podría tener la diáspora cubana en el desarrollo nacional. Las recomendaciones que respetuosamente se presentan para su implementación al corto plazo, han sido pensadas con vista a sentar los cimientos de un proceso de más largo aliento.

Este no es un informe sobre las medidas económicas que está adoptando el gobierno cubano. La Comisión considera que estas medidas son parte de un proceso inconcluso y están abiertas a cambios adicionales que pudieran adoptarse más adelante. Por ese motivo nuestras recomendaciones no están dirigidas a "analizar", "apoyar" o "criticar" esas disposiciones en Cuba, sino que se enmarcan en la conexión entre sus posibilidades de éxito y la introducción de cambios en la política hacia la diáspora.

Conclusiones

A partir de las consideraciones anteriores como premisas, la Comisión alcanzó las conclusiones siguientes:

1- La relación de Cuba y su diáspora es bicentenaria. A mediano y largo plazos, esos vínculos tienden a ampliarse en el contexto de la globalización. Otro tanto sucede con aquellos extranjeros cuyos recursos, conocimientos, relaciones o habilidades fuesen útiles al desarrollo nacional, y pudieran ser incentivados a residir o laborar en el país de manera temporal o permanente, de existir una política migratoria que facilitase esa posibilidad. El desarrollo nacional a largo plazo demanda la comprensión de esa nueva realidad y la permanente actualización de las leyes y políticas migratorias para ajustarlas a los intereses del país.

2- La llamada "actualización del modelo económico" —entendida como un programa de medidas abierto a cambios sucesivos y graduales— requiere poner al día la legislación que regula el sector privado nacional y extranjero. La Comisión ve, en ese contexto, una relación directa a corto plazo entre el posible éxito de la actualización de la economía y la necesidad de actualizar también la política y legislación migratorias, en particular aquellos aspectos referidos a la diáspora cubana.

3- Hay dos aspectos que la Comisión estima deben ser resueltos a corto plazo:

a) Un cambio en la legislación y la Constitución cubanas que les garantice a los cubanos la plena libertad de circulación y de fijar su residencia, según establece el Artículo 13 de la Declaración Universal de Derechos Humanos de 1948, suscrita y ratificada por Cuba.

b) Modificaciones adicionales a la Constitución y la legislación cubanas que reconozcan a todos los cubanos –emigrados o radicados en la Isla– como iguales, y les concedan iguales o mejores posibilidades de participación en iniciativas económicas que las extendidas en el pasado al capital extranjero mediante las reformas constitucionales de 1992 y la Ley de Inversión Extranjera No. 77 de 1995.

4- Desde la década de los 90 del siglo pasado, la diáspora cubana ha representado de manera creciente una considerable fuerza en el desempeño económico-social del país. Como se ha explicado en este informe, la diáspora inyecta anualmente un sustantivo flujo de capital con sus viajes a la Isla, remesas monetarias, pago por servicios telefónicos de larga distancia, celulares utilizados en Cuba y envío de diversos productos, herramientas y equipos. Se ha producido un trasiego de capital, instrumentos de trabajo y mercancías entre el sector privado en Cuba y miembros de la diáspora cubanoamericana, al margen de las regulaciones gubernamentales de ambos lados del Estrecho de la Florida. Esto ha configurado una economía de frontera informal e invisible, entre Cuba y el sur de la Florida, que aguarda por ser reconocida.

5- La eventual actualización de las políticas migratorias podría facilitar un proceso de normalización de las relaciones entre la Isla y su diáspora, que le permitiría a la sociedad cubana sacar provecho no solamente del capital financiero, sino también del humano y social, de aquella parte de su población situada más allá de las fronteras geográficas insulares.

6- Por largo tiempo predominó el criterio de que cualquier mejora en las relaciones del Estado cubano con su diáspora tendría que esperar por una normalización de las relaciones entre

Washington y La Habana. Si alguna vez fue cierta esa tesis, es también razonable considerar hoy lo inverso: la posibilidad de una mejoría en las relaciones bilaterales puede ser facilitada por el avance las relaciones entre el Estado cubano y su diáspora. Quizás ese sea uno de los motivos por el cual los que ven con desagrado la perspectiva de una normalización bilateral de dichas relaciones, ya residan en Cuba o en EE.UU., tienden también a objetar la normalización de vínculos entre la diáspora cubana y su país de origen.

Los cubanos no pueden cambiar el pasado, pero pueden escoger su futuro. Como consecuencia de un conflicto sumamente polarizado numerosas familias se dividieron, muchas amistades se rompieron y la emigración se transformó en virtual destierro sin posibilidad de relocalización en el país de origen o de visitarlo libremente. Hoy es factible que los cubanos puedan emprender otro camino, más allá de su lugar de residencia, que les permita colaborar en áreas de interés común.

Por muchos años el Estado cubano dispuso que familiares y amigos rompiesen todo vínculo con los que habían emigrado y asumió la hostilidad, el desprecio y la suspicacia hacia los que por cualquier razón optaron por migrar. En el conflicto político iniciado después de 1959, la violencia fue empleada recíprocamente por sectores del exilio y por el Estado cubano. En la implementación de su política migratoria, el gobierno de la Isla también la aplicó al intentar frustrar algunas de las llamadas salidas no autorizadas de ciudadanos cuyo único objetivo era migrar a otro país. En ciertas ocasiones hubo personas que acudieron a la amenaza o uso de la fuerza para apoderarse de naves y evadir los controles migratorios. A las víctimas que resultaron de esas acciones hay que agregar un número indefinido, pero que todos los observadores estiman es considerablemente alto, de personas que perdieron la vida en el mar intentando alcanzar, como todo migrante, sus aspiraciones y sueños.

A pesar de este traumático legado, la mayor parte de la diáspora ha dado reiteradas muestras de generosidad mediante el envío de remesas a familiares y amigos que antes repudiaron a los emigrados, y donaciones al país del que fueron excluidos cuando terribles desastres naturales lo han azotado. Pero el discurso oficial ha marchado a la zaga de esa realidad. Si bien ha dejado de lado los aspectos más insultantes y agresivos de su retórica contra los migrantes, no ha dejado de menospreciar o incluso ocultar hasta hoy los beneficios que ellos le aportan a una sociedad sometida a escaseces crónicas. La política migratoria se ha flexibilizado gradualmente desde la década de los 80, pero aún dista de asegurar el ejercicio de los derechos de libre circulación a los cubanos o de garantizar los que les corresponden —según los convenios internacionales— a los que se han radicado en otros países.

No se llega a la meta con un paso, sino cuando se emprende un viaje. Pero todas las partes tienen que hacer evidente su voluntad de recorrerlo y es lógico que se desee fijar un calendario que permita saber qué puede esperarse en cada fase. En ese espíritu y de manera respetuosa, la Comisión decidió formular un conjunto de recomendaciones básicas.

Recomendaciones

A partir de las antes citadas conclusiones y subsiguientes observaciones, la Comisión recomienda lo siguiente:

A los gobiernos de Cuba y Estados Unidos

Los gobiernos siempre tienen especial responsabilidad porque son ellos los que estimulan, inhiben o regulan legalmente los flujos migratorios y las relaciones de las diásporas con su país de origen.

En el caso de Cuba, al igual que en el de cualquier otro país, es el gobierno el máximo responsable de implementar esa función en el territorio nacional. En lo referido al gobierno de Estados Unidos, sus políticas son particularmente relevantes en el tema migratorio cubano, porque en ese país se asienta la mayor parte de la diáspora de ese origen y es el destino principal de todos los flujos migratorios cubanos desde el siglo XIX. Es por esos motivos que la Comisión dirige algunas de sus principales recomendaciones a estos dos gobiernos.

No obstante, la Comisión hace también un llamado a aquellos otros países que reciben emigrados cubanos, o que son usados por ellos como vías de tránsito hacia su destino final, a que les respeten sus derechos y dispensen el trato digno dictaminado para esos casos en los pactos y tratados multilaterales.

La Comisión estima que todos los cubanos sin excepción han de tener igual derecho a participar en iniciativas económicas similares a las extendidas al capital extranjero desde inicios de la década de los 90. Para que a mediano plazo la diáspora pueda lograr una plena participación en la economía nacional, se requiere que el gobierno y Congreso de Estados Unidos levanten cualquier restricción que les imposibilite esa opción a los cubanoamericanos. De igual manera, es necesario que el gobierno de La Habana elimine las actuales prohibiciones sobre el sector privado emergente, que hoy le impiden tomar iniciativas fuera de una estrecha lista de actividades económicas de supervivencia.

Sólo cuando sean abolidas todas las restricciones –internas y externas– a la plena participación de los cubanos en el desarrollo del país, podrá desencadenarse todo el potencial de recursos financieros y humanos que atesora la nación. Con el objetivo de facilitar la materialización de dicho potencial, la Comisión recomienda al corto plazo lo siguiente:

Al gobierno de Cuba

1. Hacer una declaración de principios sobre la política migratoria. Del mismo modo que el gobierno cubano ha declarado una nueva etapa en las relaciones del Estado con el sector privado nacional y ha llamado a un cambio de mentalidad que sustituya la demonización anterior de ese grupo social, lo exhortamos a dejar claramente establecido que pretende hacer lo mismo en relación con la emigración y con la diáspora cubana.

2. Introducir cambios en la legislación y la Constitución que constituyan el marco legal de una nueva postura hacia la emigración y la diáspora. Una declaración de principios acerca de lo expuesto en el punto anterior sería insuficiente si no es acompañada de medidas legales que evidencien la seriedad de las intenciones gubernamentales en este campo y ofrezcan garantías de su perdurabilidad.

La Comisión sugiere, en ese sentido, actualizar de inmediato las legislaciones y políticas migratorias mediante la introducción de los cambios siguientes:

a) Promover un patrón migratorio circular que alivie la pérdida definitiva de recursos humanos que hoy representa el flujo unidireccional hacia el exterior de los migrantes cubanos. Para ello es imprescindible la supresión de la llamada salida definitiva, de los permisos de entrada y salida del país y de la prohibición de retorno y relocalización en su patria a los ciudadanos cubanos que deseen hacerlo. Aquellas personas que el gobierno cubano considere como una amenaza a la seguridad nacional deben ser acusadas y encausadas formalmente, notificadas de los cargos en su contra y autorizadas a rechazarlos y defenderse por medio de abogados independientes que las representen. En ningún caso las leyes cubanas deben entrar en conflicto con los derechos internacionalmente reconocidos a las personas. Por tal motivo no podría negarle el libre acceso al territorio nacional o considerarse una amenaza pública que conlleve una acusación y encausamiento en un tribunal cubano, el haber ejercido fuera de Cuba las libertades de expresión, conciencia, reunión, prensa, organización, investigación académica y otros derechos universalmente aceptados.

b) Extender a los miembros de la diáspora que retengan su ciudadanía cubana los mismos derechos que disfruten los ciudadanos residentes en la Isla, respecto a fijar residencia, invertir en el sector no estatal de la economía y otros similares. Al mismo tiempo se recomienda que todos los ciudadanos cubanos –sean o no residentes en la Isla– tengan los mismos derechos que los empresarios extranjeros, ya sea para invertir en cualquier sector de la economía o para recibir incentivos fiscales.

3. Crear una nueva comisión en Cuba que estudie otros cambios a mediano plazo en la legislación migratoria, como son los referidos a inmigrantes extranjeros que pudieran ser atraídos a residir temporalmente en el país.

4. Rebajar los precios de los trámites consulares (obtención de pasaportes, certificados, constancias de notas y estudios realizados, etc.) y tomar medidas para abaratar el costo de los envíos de remesas y paquetes, así como de pasajes y llamadas telefónicas, a más de ampliar y reducir el costo del servicio de correo electrónico.

5. Destrabar la homologación de títulos y diplomas de estudios a los miembros de la diáspora y fomentar cursos, asesorías e intercambios culturales y científicos en diferentes disciplinas y

carreras entre cubanos de la diáspora y los radicados en la Isla.

6. Facilitar la ejecución de proyectos colectivos de naturaleza social que surjan como iniciativas filantrópicas entre ciudanos en la Isla y miembros de la diáspora, como implementar algunas de las prácticas exitosas ya ensayadas en México. El programa "Tres por Uno" en el estado de Zacatecas puede ser especialmente pertinente para Cuba. Incluye obras comunitarias de interés social con el aporte privado de emigrados y sus familiares en México, recursos estatales (locales y nacionales) y el apoyo externo proveniente de agencias multilaterales de cooperación y fundaciones privadas.

7. Celebrar en 2012 una conferencia sobre la participación de las diásporas en el desarrollo nacional, en un país con experiencias en este tema como México, República Dominicana o El Salvador, en la que participen funcionarios de la Isla y miembros de la diáspora cubana. Una conferencia de ese tipo le permitiría a los funcionarios cubanos conocer de cerca el conjunto de experiencias y buenas prácticas inventariados en la sección de este informe dedicada a "Las relaciones entre los Estados nacionales y sus diásporas".

8. Designar a un funcionario en la Oficina de la Presidencia del Consejo de Estado para supervisar y ayudar a coordinar entre las distintas entidades estatales la aplicación de las disposiciones referidas a la diáspora, y prestar servicios de *ombudsman* (defensor del pueblo) cuando surjan quejas sobre su funcionamiento.

Al gobierno de Estados Unidos

Los miembros de la Comisión no apoyan el embargo estadounidense a Cuba y se oponen a cualquier medida que en cualquiera de los dos países restrinja el libre movimiento de ciudadanos estadounidenses y cubanos. De igual manera, consideran necesario que los gobiernos de Estados Unidos y de Cuba respeten y faciliten el ejercicio de los derechos de los migrantes cubanos a tener relaciones fluidas de todo tipo con sus familiares y amigos. Emular las peores políticas iniciales del gobierno cubano para suprimir o minimizar los vínculos de los residentes en la Isla con los emigrados no sirve con eficacia a los intereses de Estados Unidos, ni es fácil de legitimar sobre la base de valores democráticos.

La Comisión llama la atención de que el embargo económico a Cuba ha sido justificado bajo el argumento de que no pretende perjudicar al ciudadano común en la Isla, sino exclusivamente sancionar al Estado cubano. De ser consecuentes con esa lógica, las sanciones y restricciones en vigor deberían al menos actualizarse y no extenderse al nuevo sector no estatal –privado– emergente en Cuba. Consideramos que ello es factible y conveniente aun si tarda en producirse un cambio en la política estadounidense hacia Cuba. Sería beneficioso para los intereses de Estados Unidos, y para la percepción de sus políticas por parte de la población residente en la Isla, establecer una distinción clara en la postura hacia el sector estatal y el no estatal en Cuba.

Sobre esa base, la Comisión recomienda al gobierno y Congreso de Estados Unidos adoptar a corto plazo las siguientes medidas:

1- Autorizar a los miembros de la diáspora cubana a asociarse con entidades del sector no estatal de la economía en la Isla para con ellas invertir, asesorar, adiestrar, así como importar y exportar productos y servicios de ese sector desde y hacia Estados Unidos y otros países.

2- Instruir al Departamento del Tesoro que no interfiera con las actividades citadas anteriormente y permita que los cubanos residentes en Estados Unidos puedan hacer uso del crédito privado para sus proyectos de negocios en el sector no estatal de la Isla.

3- Autorizar a naves marítimas, tales como cruceros, barcos y *ferries*, a trasladar carga y pasajeros hacia y desde Cuba y designar los puertos estadounidenses encargados de darles servicio.

4- Apoyar ante las cortes federales el deseo de universidades y *colleges* públicos de la Florida de organizar –como lo hacen ya los de otros estados de la Unión– cursos y talleres en Estados Unidos y Cuba sobre el desarrollo de pequeños y medianos negocios. Estos cursos beneficiarían a los cubanoamericanos que deseen recibir adiestramiento en entidades públicas en la Florida –donde radica el grueso de la diáspora cubana– para luego emprender ese tipo de iniciativas en su país de origen. Esas entidades en la Florida deberían ser autorizadas también para organizar cursos similares en Cuba, conjuntamente con instituciones no gubernamentales de la Isla, como las iglesias, en beneficio de aquellos nacionales que residen en ella y desean adquirir esos conocimientos.

A la diáspora cubana

1- Decidir libremente si participa o no en cualquier apertura que eventualmente ocurriese en la Isla y sea beneficiosa. Para ello pueden tomar en consideración los siguientes factores:

a) las necesidades e intereses familiares y de las amistades con quienes pretenden involucrarse en esas actividades;

b) la valoración de si apoyarlos en dicho proyecto incrementa su autonomía individual y seguridad económica en el contexto cubano;

c) la solidez del proyecto a iniciar respecto a su competitividad, costo, rentabilidad y otros factores económicos que permitan la sustentabilidad del negocio y de sus propietarios a mediano plazo;

d) la valoración de si el marco legal que acoge dichas inversiones en Cuba es lo suficientemente transparente y confiable como para asegurarlas frente a cualquier giro político posterior;

e) su grado de solvencia personal para tales inversiones.

2- Gestionar ante el gobierno de Estados Unidos algunas o todas las medidas aquí recomendadas y cualquier otra que pudiera beneficiar en este campo a las familias cubanas.

A la sociedad cubana

La Comisión, respetuosamente, presenta las siguientes sugerencias generales a la sociedad cubana:

1- Trabajar activamente para eliminar de manera definitiva los prejuicios y polarizaciones que pudieran subsistir respecto a la diáspora cubana.

2- Gestionar ante el gobierno cubano la adopción de algunas o todas las recomendaciones que aquí se formulan y cualquier otra beneficiosa en este campo para las familias cubanas.

Epílogo

En el siglo XXI, marcado por los procesos de globalización, Cuba tendrá que avanzar de forma sistemática y permanente hacia fórmulas legales que acomoden la creciente transnacionalidad de su población. Aunque situada en diferentes espacios geográficos, la población radicada en la Isla tiene y desarrolla vínculos cada vez más estrechos con su diáspora, formando ambas un todo indivisible: la nación cubana.

Muchas de las observaciones, conclusiones y sugerencias expresadas en este informe se proyectan hacia el mañana, en espera de que eventualmente sean implementadas de forma parcial o total. Pero *mañana* puede comenzar hoy si así lo decidiesen los actores con poder de decisión en este campo, pues Cuba lo necesita urgentemente.

Obras citadas

Ackerman, Holly y Juan M. Clark. *The Cuban "Balseros": Voyage of Uncertainty*. Miami: Cuban American National Council, 1995.

Agunias, Dovelyn Rannveig. *Managing Temporary Migration: Lessons from the Philippines Model*. Washington, DC: Migration Policy Institute, 2008. http://www.migrationpolicy.org/pubs/Insight_POEA_Oct0 7.pdf, consultado el 25 de julio de 2011.

Agunias, Dovelyn Rannveig, ed. *Closing the Distance: How Governments Strengthen Ties with Their Diasporas*. Washington, DC: Migration Policy Institute, 2009.

Agunias, Dovelyn Rannveig y Kathleen Newland. *Circular Migration and Development: Trends, Policy Routes, and Ways Forward*. Washington, DC: Migration Policy Institute, 2007. http://www.migrationpolicy.org/pubs/MigDevPB_041807. pdf, consultado el 25 de julio de 2011.

Aja Díaz, Antonio. "La emigración cubana en los años noventa". *Cuban Studies* 30 (1999): 1–25.

———. *Al cruzar las fronteras*. La Habana: Centro de Estudios Demográficos/Fondo de Población de las Naciones Unidas, 2009.

Arboleya, Jesús. *Havana Miami: The U.S.-Cuba Migration Conflict*. Melbourne, Australia: Ocean Press, 1996.

Barberia, Lorena. "Remittances to Cuba: An Evaluation of Cuban and U.S. Government Policy Measures". En *The Cuban Economy at the Start of the Twenty-First Century*, eds. Jorge Domínguez, Omar Everleny Pérez Villanueva y Lorena Barberia, 353–412. Cambridge, MA: Harvard University Press, 2004.

Bauböck, Rainer. "Towards a Political Theory of Migrant Transnationalism". *International Migration Review* 37, núm. 3 (2003): 700–23.

———. "Stakeholder Citizenship and Transnational Political Participation: A Normative Evaluation of External Voting". *Fordham Law Review* 75, núm. 5 (2007): 2393–2447.

Bourdieu, Pierre y Loïc J. D. Wacquant. *An Invitation to Reflexive Sociology*. Chicago y Londres: University of Chicago Press, 1992.

Cámara de Diputados, Comisión de Dominicanos Residentes en el Exterior. *Seminario "El futuro de la comunidad dominicana residente en Puerto Rico"*. Santo Domingo: Cámara de Diputados de la República Dominicana, 2002.

Casaña Mata, Ángela. *Una contribución al estudio de la emigración calificada desde la perspectiva del país de origen*. Centro de Estudios de Migraciones Internacionales, Universidad de La Habana, 2002. http://www.uh.cu/centros/cemi/texto%20completo/angela/Contribuci%F3n%20al%20estudio%20de%20la%20emigraci%F3n%20calificada.htm, consultado el 12 de septiembre de 2009.

Cervantes-Rodríguez, Margarita. *International Migration in Cuba: Accumulation, Imperial Designs, and Transnational Social Fields*. University Park, PA: Pennsylvania State Press, 2010.

Comisión Interamericana de Derechos Humanos, Organización de los Estados Americanos. *Informe Anual de la Comisión Interamericana de Derechos Humanos 2009*.

http://www.cidh oas.org/annualrep/2009sp/indice2009.ht
m, consultado el 25 de julio de 2011.

Delgado Wise, Raúl y Margarita Favela, eds. *Nuevas tendencias
y desafíos de la migración internacional México-Estados
Unidos*. México, DF: Miguel Ángel Porrúa/Universidad
Autónoma de Zacatecas, 2004.

DeSipio, Louis, Harry Pachón, Rodolfo O. de la Garza y Jongho
Lee. *Immigrant Politics at Home and Abroad: How Latino
Immigrants Engage the Politics of Their Home Communities
and the United States*. Claremont, CA: Tomás Rivera Policy
Institute, 2003.
http://www.trpi.org/PDFs/Immigrant_politics.pdf,
consultado el 15 de junio de 2011.

Díaz-Briquets, Sergio y Jorge Pérez-López. *The Role of the
Cuban-American Community in the Cuban Transition*.
Miami, FL: Institute for Cuban and Cuban American
Studies, University of Miami, 2003.

Domínguez, Jorge I. "Cooperating with the Enemy? U.S.
Immigration Policies toward Cuba". En *Western
Hemisphere Immigration and U.S. Immigration Policy*, ed.
Christopher Mitchell, 31–88. University Park, PA:
Pennsylvania State University Press, 1992.

Duany, Jorge. *Blurred Borders: Transnational Migration
between the Hispanic Caribbean and the United States*.
Chapel Hill, NC: University of North Carolina Press, 2011.

Eckstein, Susan. *Diasporas and Dollars: Transnational Ties and
the Transformation of Cuba*, 2003.
http://web.mit.edu/cis/www/migration/pubs/rrwp/16_dia
sporas.pdf, consultado el 15 de junio de 2011.

———.*The Immigrant Divide: How Cuban Americans Changed
the U.S. and Their Homeland*. Nueva York: Routledge,
2009.

Eckstein, Susan y Lorena Barbería. *Cuban American Cuba Visits: Public Policy, Private Practices*, 2001. http://web.mit.edu/cis/www/migration/pubs/mellon/5_cuba.pdf, consultado el 15 de junio de 2011.

Elfrink, Tim y Vanessa Grisalez. "Cuba's Black Market Moves Online with Revolico.com". *Miami New Times*, 1 de octubre de 2009. http://www.miaminewtimes.com/2009-10-01/news/cuba-s-craigslist-the-island-s-black-market-moves-online-with-revolico-com, consultado el 25 de julio de 2011.

Ennis, Shannon, Merarys Ríos-Vargas y Nora G. Albert. *The Hispanic Population: 2010*. http://www.census.gov/prod/cen2010/briefs/c2010br-04.pdf, consultado el 25 de julio de 2011.

Escobar, Cristina. "Extraterritorial Political Rights and Dual Citizenship in Latin America". *Latin American Research Review* 42, núm. 3 (2007): 43–75.

Fouron, Georges y Nina Glick Schiller. *Georges Woke Up Laughing: Long-Distance Nationalism and the Search for Home*. Durham, NC: Duke University Press, 2001.

Glick Schiller, Nina. "Transmigrants and Nation-States: Something Old and Something New in the U.S. Immigration Experience". En *The Handbook of International Migration: The American Experience*, ed. Charles Hirschman, Philip Kasinitz y Josh DeWind, 94–119. Nueva York: Russell Sage Foundation, 1999.

Glick Schiller, Nina y Georges Fouron. "Terrains of Blood and Nation: Haitian Transnational Social Fields". *Ethnic and Racial Studies* 22, núm. 2 (1999): 340–66.

González Mederos, Lenier. "Desarticular el monopolio de la gestión estatal: Entrevista a Pavel Vidal Alejandro". *Espacio Laical* 123 (febrero de 2011).

http://espaciolaical.org/contens/esp/sd_123.pdf, consultado el 25 de julio de 2011.

Graham, Pamela M. "Political Incorporation and Re-Incorporation: Simultaneity in the Dominican Migrant Experience". En *Migration, Transnationalization, and Race in a Changing New York*, ed. Héctor Cordero-Guzmán, Robert C. Smith y Ramón Grosfoguel, 87–108. Filadelfia: Temple University Press, 2001.

Grenier, Guillermo J. y Lisandro Pérez. *The Legacy of Exile: Cubans in the United States*. Boston: Allyn & Bacon, 2002.

Hernández, Rafael. "Cuba y los cubano-americanos: El impacto del conflicto EE.UU.-Cuba en sus relaciones presentes y futuras". *Cuadernos de Nuestra América* 12, núm. 23 (1995): 4–22.

Institute for Public Opinion Research, Florida International University. *Cuba/US Transition Poll 2008*. http://www2.fiu.edu/~ipor/cuba-t/, consultado el 25 de julio de 2011.

International Organization for Migration. *World Migration Report: The Future of Migration. Building Capacities for Change*. Ginebra: International Organization for Migration, 2010.

Itzigsohn, José. "Immigration and the Boundaries of Citizenship: The Institutions of Immigrants' Political Transnationalism". *International Migration Review* 34, núm. 4 (2000): 1126–54.

Itzigsohn, José y Daniela Villacrés. "Migrant Political Transnationalism and the Practice of Democracy: Dominican External Voting Rights and Salvadoran Hometown Associations". *Ethnic and Racial Studies* 31, núm. 4 (2008): 664–86.

Jones-Correa, Michael. *Between Two Nations: The Political Predicament of Latinos in New York City*. Ithaca, NY: Cornell University Press, 1998.

————. "Under Two Flags: Dual Nationality in Latin America and Its Consequences for Naturalization in the United States". *International Migration Review* 35, núm. 4 (2001): 997–1029.

Junta Central Electoral, República Dominicana. *Elecciones ordinarias presidenciales del año 2004: Total voto del exterior*. http://www.jce.do/stor/boletines/2004/Boletines2004/BExterior.asp, consultado el 15 de junio de 2011.

Laguerre, Michel S. *Diasporic Citizenship: Haitian Americans in Transnational America*. Nueva York: St. Martin's Press, 1998.

Levitt, Peggy y Rafael de la Dehesa. "Transnational Migration and the Redefinition of the State: Variations and Explanations". *Ethnic and Racial Studies* 26, núm. 4 (2003): 587–611.

Levitt, Peggy y Nina Glick Schiller. "Conceptualizing Simultaneity: A Transnational Social Field Perspective on Society". *International Migration Review* 38, núm. 3 (2004): 1002–39.

Martín, Consuelo y Guadalupe Pérez. 1998. *Familia, emigración y vida cotidiana en Cuba*. La Habana: Editora Política, 1998.

Martín Fernández, Consuelo, Antonio Aja Díaz, Ángela Casaña Mata y Magali Martín Quijano. *La emigración de Cuba desde fines del siglo XX y principios del XXI: Lecturas y reflexiones mirando a la Ciudad de La Habana*, 2007. http://www.uh.cu/centros/cemi/documentos/7%20Consu elo,%20Aja,%20Angela%20y%20Magali%20LA%20EMIGRA CION%20DE%20CUBA%20DE%20FINALES%20DE%20SIGLO

%20XX%20y%20PRINCIPOS%20DE%20SIGLO%20XXI.pdf, consultado el 15 de junio de 2011.

Masud-Piloto, Félix. *From Welcome Exiles to Illegal Immigrants: Cuban Migration to the United States, 1959–1995*. Lanham, MD: Rowman and Littlefield, 1996.

Ministerio de Relaciones Exteriores, Cuba. *Sitio cubano de la nación y la emigración.* http://europa.nacionyemigracion.cu/inicio.html, consultado el 15 de junio de 2011.

Mohapatra, Sanket, Dilip Ratha y Ani Silwal. "Outlook for Remittance Flows 2011–13: Remittance Flows Recover to Pre-Crisis Levels". *Migration and Development Brief* 16 (23 de mayo de 2011): 1–12.

Morales, Emilio. *Remittances to Cuba: Development, Evolution, and Impact*. Cuba-Forum, Inter-American Dialogue y Cuban Research Institute de la Universidad Internacional de la Florida, septiembre de 2010.

Multilateral Investment Fund. *Remittances to Latin America and the Caribbean 2010: Stabilization after the Crisis*, 2011. http://idbdocs.iadb.org/wsdocs/getdocument.aspx?docnu m=3578883, consultado el 15 de junio de 2011.

Newland, Kathleen. *Voice after Exit: Diaspora Advocacy*. Washington, DC: Migration Policy Institute, 2010. http://www.migrationpolicy.org/pubs/diasporas-advocacy.pdf, consultado el 13 de junio de 2011.

Newland, Kathleen, ed. *Diasporas: New Partners in Global Development Policy*. Washington, DC: Migration Policy Institute, 2010.

Newland, Kathleen, Dovelyn Rannveig Agunias y Aaron Terrazas. "Learning by Doing: Experiences of Circular Migration". *Migration Policy Institute Insight* (septiembre

de 2008): 1–26.
http://www.migrationpolicy.org/pubs/Insight-IGC-
Sept08.pdf, consultado el 13 de junio de 2011.

Newland, Kathleen e Hiroyuki Tanaka. *Mobilizing Diaspora Entrepreneurship for Development*. Washington, DC: Migration Policy Institute, 2010.
http://www.migrationpolicy.org/pubs/diasporas-
entrepreneurship.pdf, consultado el 13 de junio de 2011.

Newland, Kathleen y Carylanna Taylor. *Heritage Tourism and Nostalgia Trade: A Diaspora Niche in the Development Landscape*. Washington, DC: Migration Policy Institute, 2010. http://www.migrationpolicy.org/pubs/diasporas-
tradetourism.pdf, consultado el 13 de junio de 2011.

Newland, Kathleen, Aaron Terrazas y Roberto Munster. *Diaspora Philanthropy: Private Giving and Public Policy*. Washington, DC: Migration Policy Institute, 2010. http://www.migrationpolicy.org/pubs/diasporas-
philanthropy.pdf, consultado el 13 de junio de 2011.

El Nuevo Herald. "Cubanos emigrados son el segundo grupo que más visita la isla", 7 de julio de 2011. http://www.elnuevoherald.com/2011/07/07/975896/cuba
nos-emigrados-son-el-segundo.html, consultado el 25 de julio de 2011.

Oficina Nacional de Estadística, República Dominicana. "Remesas internacionales que reciben los hogares en República Dominicana". *Panorama Estadístico* 2, núm. 20 (2009). http://www.one.gob.do/index.php?module=articles&func
=view&catid=207, consultado el 15 de junio de 2011.

Oficina Nacional de Estadísticas, Cuba, Dirección de Turismo, Comercio y Servicios. *Tecnologías de la información y las comunicaciones: Uso y acceso en Cuba*, septiembre de 2010.

---

http://www.one.cu/publicaciones/06turismoycomercio/TI
C/2009%20TIC%20Uso%20y%20Acceso%20en%20Cuba.pd
f, consultado el 25 de julio de 2011.

Orozco, Manuel. *The Cuban Condition: Migration, Remittances,
and Its Diaspora*, 2009.
http://www.thedialogue.org/PublicationFiles/cuban%20co
ndition%20migration%20remittances_FINAL.pdf,
consultado el 15 de junio de 2011.

———. *Remittance Recipients and the Present and Future of
Micro-Entrepreneurship Activities in Cuba*, 2011.
http://www.thedialogue.org/uploads/Remittances_and_D
evelopment/Remittancesandsmallbusinessopportunitiesin
CubaFINAL.pdf, consultado el 15 de junio de 2011.

Orozco, Manuel, B. Lindsay Lowell, Micah Bump y Rachel
Fedewa. *Transnational Engagement, Remittances, and
Their Relationship to Development in Latin America and the
Caribbean*. Washington, DC: Institute for the Study of
International Migration, Georgetown University, 2005.
http://www.thedialogue.org/PublicationFiles/Orozco-
%20Transnational%20Engagement.pdf, consultado el 15
de junio de 2011.

Pedraza, Silvia. "Assimilation or Transnationalism? Conceptual
Models of the Immigrant Experience in America". En
Cultural Psychology of Immigrants, ed. Ramaswami
Mahalingam, 33–54. Mahwah, NJ: Lawrence Erlbaum,
2006.

———. *Political Disaffection in Cuba's Revolution and Exile*.
Nueva York: Cambridge University Press, 2007.

Pedraza-Bailey, Silvia. *Political and Economic Migrants in
America: Cubans and Mexicans*. Austin, TX: University of
Texas Press, 1985.

Pei, Minxin. *From Reform to Revolution: The Demise of Communism in China and the Soviet Union*. Cambridge, MA: Harvard University Press, 1994.

Pew Hispanic Center. *Hispanics of Cuban Origin in the United States, 2008. Fact Sheet,* 22 de abril de 2010. http://pewhispanic.org/files/factsheets/60.pdf, consultado el 25 de julio de 2011.

Portes, Alejandro. *Economic Sociology: A Systematic Inquiry*. Princeton, NJ: Princeton University Press, 2010.

Portes, Alejandro y Alex Stepick. *City on the Edge: The Transformation of Miami*. Berkeley: University of California Press, 1993.

Portes, Alejandro y Min Zhou. "The Eagle and the Dragon: Immigrant Transnationalism and Development in Mexico and China". Ponencia presentada en la Escuela de Derecho de la Universidad de Miami, 20 de abril de 2011.

Prieto, Yolanda. *The Cubans of Union City: Immigrants and Exiles in a New Jersey Community*. Filadelfia: Temple University Press, 2009.

Renshon, Stanley A. *Dual Citizenship and American National Identity*. Washington, DC: Center for Immigration Studies, 2001. http://www.cis.org/articles/2001/paper20/renshondual.pdf, consultado el 13 de junio de 2011.

Richman, Karen E. "A Lavalas at Home/A Lavalas for Home: Inflections of Transnationalism in the Discourse of Haitian President Aristide". En *Towards a Transnational Perspective on Migration: Race, Class, Ethnicity, and Nationalism Reconsidered*, ed. Nina Glick Schiller, Linda Basch y Cristina Blanc-Szanton, 189–200. Nueva York: New York Academy of Sciences, 1992.

———. "'Call Us Vote People': Citizenship, Migration, and Transnational Politics in Haitian and Mexican Locations". En *Citizenship, Political Engagement, and Belonging: Immigrants in Europe and the United States*, eds. Deborah Reed-Danahay y Caroline B. Bretell, 162–80. Piscataway, NJ: Rutgers University Press, 2008.

Rodríguez Chávez, Ernesto. *Emigración cubana actual.* La Habana: Editorial de Ciencias Sociales, 1997.

Sagás, Ernesto. "From *Ausentes* to Dual Nationals: The Incorporation of Transmigrants into Dominican Politics". En *Dominican Migration: Transnational Perspectives*, ed. Ernesto Sagás y Sintia E. Molina, 53–73. Gainesville, FL: University Press of Florida, 2004.

Sheffer, Gabriel. *A New Field of Study: Modern Diasporas in International Politics*. Londres: Croom Helm, 1986.

Tamayo, Juan O. "EEUU ofrece $3 millones para grupos marginados en la isla". *El Nuevo Herald*, 3 de agosto de 2010. http://www.elnuevoherald.com/2010/08/03/777031/eeuu -ofrece-3-millones-para-grupos.html, consultado el 25 de julio de 2011.

Terrazas, Aaron. *Connected through Service: Diaspora Volunteers and Global Development*. Washington, DC: Migration Policy Institute, 2010. http://www.migrationpolicy.org/pubs/diasporas-volunteers.pdf, consultado el 13 de junio de 2011.

———. *Diaspora Investment in Developing and Emerging Capital Markets: Patterns and Prospects*. Washington, DC: Migration Policy Institute, 2010. http://www.migrationpolicy.org/pubs/diasporas-markets.pdf, consultado el 25 de julio de 2011.

Torres, María de los Ángeles. *In the Land of Mirrors: Cuban Exile Politics in the United States.* Ann Arbor, MI: University of Michigan Press, 1999.

Unión de Escritores y Artistas de Cuba y Universidad de La Habana, eds. *Cuba: Cultura e identidad nacional.* La Habana: Unión, 1995.

U.S. Census Bureau. 2011. *Nation's Hispanic Population Grew Four Times Faster than Total U.S. Population.* http://www.commerce.gov/blog/2011/05/26/2010-census-shows-nation%E2%80%99s-hispanic-population-grew-four-times-faster-total-us-popul, consultado el 25 de julio de 2011.

Vidal Alejandro, Pavel y Omar Everleny Pérez Villanueva. "Entre el ajuste fiscal y los cambios estructurales: Se extiende el cuentapropismo en Cuba". *Espacio Laical* 112 (octubre de 2011). http://espaciolaical.org/contens/esp/sd_112.pdf, consultado el 25 de julio de 2011.

Waldinger, Roger. *Between Here and There: How Attached Are Latino Immigrants to Their Home Countries?* Washington, DC: Pew Hispanic Center, 2007. http://pewhispanic.org/files/reports/80.pdf, consultado el 15 de junio de 2011.

Waldinger, Roger y David Fitzgerald. 2004. "Transnationalism in Question". *American Journal of Sociology* 109, núm. 5 (2004): 1177–95.

Acerca de los autores

Uva de Aragón

Directora adjunta del Instituto de Investigaciones Cubanas de la Universidad Internacional de la Florida (FIU) de 1995 a 2011, escritora, periodista y profesora. Ha publicada una docena de libros entre los que se destacan las colecciones de artículos *Crónicas de la República de Cuba 1902-1958 (2009)* y *Morir de exilio* (2006); los ensayos *El caimán ante el espejo. Un ensayo de interpretación de lo cubano* (1993) y *Alfonso Hernández- Catá. Un escritor cubano, salmantino y universal* (1996); y la novela *Memoria del silencio* (2002).

Escribe una columna semanal para *Diario Las Américas* y su blog personal *Habanera Soy.* Sus cuentos, poesías y una obra de teatro, aparecen en antologías, en español o en traducción al inglés. Ha merecido premios literarios en Europa, Latinoamérica y Estados Unidos, y, muy joven, en su Cuba natal. Como experta en temas cubanos, a menudo es citada en la prensa de diversas partes del mundo. Ha participado en múltiples congresos académicos. Recibió su doctorado de la Universidad de Miami.

La obra literaria de la Dra. Uva de Aragón es reconocida por su consistente convocatoria a la reconciliación y por la temprana exposición de los traumas familiares asociados al éxodo migratorio posterior a 1959.

Juan Antonio Blanco

En su condición actual de Director Asistente del Instituto de Investigaciones Cubanas de la Universidad Internacional de la Florida, donde labora como investigador visitante, actuó como coordinador y coautor del presente informe.

Fue director de programas latinoamericanos y director ejecutivo de la organización internacional Human Rights Internet con sede en Ottawa.

Licenciado de Filosofía e Historia en la Universidad de la Habana. Doctor en Ciencias Históricas. Miembro en Cuba de la Comisión Nacional de Grados Científicos en Historia. Autor de artículos y ensayos sobre historia, política exterior, conflictos y desarrollo sustentable publicados en Estados Unidos, América Latina, Europa y Asia. Ha sido invitado a hacer presentaciones sobre el tema de Cuba por diversas instituciones académicas y think tanks como el Council of Foreign Relations y el Interamerican Dialogue. Ha sido consultor sobre el tema cubano del Real Instituto Elcano de Madrid y por la Canadian Foundation for the Americas (FOCAL).

En Cuba trabajó como profesor de Filosofía en la Universidad de La Habana, director del Departamento de Países No Alineados del Ministerio de Relaciones Exteriores y analista de Estados Unidos en el Comité Central del PCC. Posteriormente renunció a su puesto gubernamental y fundó el Centro Félix Varela de Cuba, una ONG dedicada a temas de ética y desarrollo de la que fue su presidente hasta marchar a Canadá donde fijó su residencia.

El Dr. Juan Antonio Blanco es reconocido por su experiencia como negociador diplomático en Naciones Unidas y en temas de manejo de conflictos y diálogos en los que se ha desempeñado como consultor privado para gobiernos y organizaciones de la sociedad civil latinoamericana.

Jorge Dominguez

El Dr. Jorge Domínguez tiene hoy las siguientes responsabilidades: Vice Provost for International Affairs, Chairman, Harvard Academy for International and Area Studies, y Antonio Madero Professor for the Study of Mexico , Harvard University.

Obtuvo su B.A. en la Universidad de Yale en 1967. El M.A (1968) y Ph. D. (1972) los obtuvo en Harvard, donde fue director

Entre sus libros recientes se destacan *Contemporary U.S.- Latin American Relations: Cooperation or Conflict in the 21st Century?* (2010) -del que es coeditor con el ilustre académico mexicano R. Fernández de Castro- y *La política exterior de Cuba,* 1962-2009 (2009). El Dr. Domínguez ha recorrido un largo camino de éxitos editoriales desde que publicó *Cuba: Order and Revolution* (Harvard University Press, 1978). El Dr. Domínguez además de su trabajo universitario y editorial ha sido destacado ensayista para diferentes publicaciones sobre temas latinoamericanos y ha sido editor de varias de televisión sobre asuntos de esa región.

Adicionalmente el Dr. Jorge Domínguez ha sido miembro del Editorial Board de las publicaciones, Political Science Quarterly, Foreign Affairs en español, Cuban Studies, Foro internacional. Contributing Editor de Foreign Policy. Tambien ha sido presidente del Latin American Studies Association y del Instituto de Estudios Cubanos asi como Presidente del Board del Latin American Scholarship Program of American Universities.

El Dr. Domínguez es uno de los más reconocidos estudiosos de la temática política cubana.

Jorge Duany

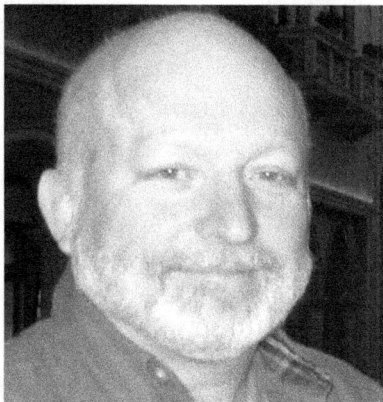

El doctor Jorge Duany es Decano Interino de Ciencias Sociales y Catedrático de Antropología en la Universidad de Puerto Rico en Río Piedras. Anteriormente se desempeñó como Director del Departamento de Sociología y Antropología de la UPR y Director de la *Revista de Ciencias Sociales*. Ha sido profesor e investigador visitante en varias universidades estadounidenses, incluyendo a Harvard, Connecticut, Wisconsin, Florida, Michigan, Pensilvania y la Universidad de la Ciudad de Nueva York. Obtuvo su doctorado en Estudios Latinoamericanos con concentración en antropología en la Universidad de California en Berkeley. También posee una maestría en ciencias sociales de la Universidad de Chicago y un bachillerato en psicología de la Universidad de Columbia. Ha publicado extensamente sobre migración, etnicidad, raza, nacionalismo y transnacionalismo en el Caribe y Estados Unidos.

Pertenece a las juntas editoras de varias revistas académicas, entre ellas *Caribbean Studies, CENTRO: Journal of the Center for Puerto Rican Studies, Cuban Studies, Latin American and Caribbean Ethnic Studies, Latino Studies* y *New West Indian Guide*. Sus últimos libros se titulan *Blurred Borders: Transnational Migration between the Hispanic Caribbean and the United States* (2011) y *La nación en vaivén: Identidad, migración y cultura popular en Puerto Rico* (2010). Recientemente coeditó un volumen titulado *Puerto Rican Florida* (2010) y *How the United States Racializes Latinos: White Hegemony and Its Consequences* (2009). Anteriormente publicó *The Puerto Rican Nation on the Move: Identities on the Island and in the United States* (2002). Es el coautor de *Puerto Ricans in Orlando and Central Florida* (2006), *Los cubanos en Puerto Rico: Economía étnica e identidad cultural* (1995) y *El Barrio Gandul: Economía subterránea y migración indocumentada en Puerto Rico* (1995). También es el autor de *Quisqueya on the Hudson: The Transnational Identity of Dominicans in Washington Heights* (1994/2008). Desde febrero de 2003 escribe una columna mensual de opinión para el periódico *El Nuevo Día*. En el año 2010, recibió el Premio Bolívar Pagán en Periodismo del Instituto de Literatura Puertorriqueña.

El Dr. Jorge Duany es uno de los estudiosos más reconocidos de la temática migratoria de países hispanos del Caribe.

Carmelo Mesa-Lago

Licenciado en Derecho en la Universidad de La Habana (1956), Doctorado en Derecho especializado en seguridad social en la Universidad de Madrid y la Organización Iberoamericana de Seguridad Social (1958), Maestría en Economía en University of Miami (1965) y Ph.D. en Industrial and Labor Relations especializado en seguridad social en la Universidad de Cornell (1968). Ha sido profesor/investigador visitante en Alemania, Argentina, Cuba, España, EEUU, México, Reino Unido y Uruguay, así como conferencista en 39 países. Ha trabajado en 29 países de América Latina, el Caribe, Europa, Asia y África, como asesor regional de la CEPAL, consultor con casi todas las agencias de Naciones Unidas (OIT, AISS, PNUD), numerosos organismos financieros internacionales y fundaciones de varios países.

Autor de 82 libros y 275 artículos o capítulos de libros publicados en 7 idiomas en 34 países, la mayoría sobre seguridad social, Cuba y sistemas económicos comparados. Sus libros más recientes son: *Buscando un modelo económico para América Latina: ¿Mercado, socialista o mixto?* (Caracas: Nueva Sociedad, 2002), *La economía y el bienestar social en Cuba a comienzos del siglo XXI* (Madrid: Colibrí, 2003), *Cuba's Aborted Reform: Socioeconomic Effects, International Comparisons and Transition Policies* (with J. Perez-Lopez, University Press of Florida, 2005), *Reassembling Social Security* (Oxford University Press, 2008) y *World Crisis Effects on Social Security in Latin America and the Caribbean: Lessons and Policies* (University of London Institute for the Study of the Americas, 2010). Fue fundador y editor de *Cuban Studies/Estudios Cubanos* por 18 años.

Fue Presidente de la Asociación de Estudios Latinoamericanos (LASA), es miembro de la Academia Nacional de Seguridad Social de los EEUU y del Consejo Editorial de la *Revista Internacional de Seguridad Social* y de otras seis revistas académicas. Ha recibido, en su otorgamiento inaugural, el Premio Internacional de la OIT al Trabajo Decente (compartido con Nelson Mandela) por 50 años de trabajo en protección social en el mundo; también tres Premios Alexander von Humbolt, tres Fulbright Senior, homenaje por su trabajo en seguridad social (Organización Iberoamericana de Seguridad Social y Comité Interamericano de Seguridad Social), la Distinción Anual de la Asociación para el Estudio de la Economía de Cuba y homenaje por su labor de vida en la economía de Cuba (Instituto de Estudios Cubanos y *Revista Encuentro)*, así como numerosas bolsas de investigación en todo el mundo. Finalista al Premio Príncipe de Asturias en Ciencias Sociales en 2009.

El Dr. Carmelo Mesa Lago es uno de los más reconocidos estudiosos de la temática económica cubana.

Orlando Márquez

Márquez es actualmente director de la revista católica Palabra Nueva y el vocero de la Archidiócesis de La Habana.

Graduado de la Escuela de Arquitectura de La Habana en 1990, mientras trabajaba en el Centro Nacional de Conservación, Restauración y Museología. Diplomado en Comunicación Social por la Universidad Autónoma del Estado de Puebla, México, en Diciembre de 1990.

Jefe del Departamento de Comunicación Social de la Arquidiócesis de La Habana desde enero de 1991. En Abril de 1992 funda la revista católica Palabra Nueva, desde entonces es su Director.

Director de la Oficina de Prensa de la Conferencia de Obispos Católicos de Cuba (COCC) durante la preparación y realización de la visita del Papa Juan Pablo II a Cuba.

Diplomado en Resolución de Conflictos por la Universidad de Uppsala, Suecia, junio 2003.

Diplomado en Resolución de Conflictos por la Universidad de York, Reino Unido, Mayo 2006.

Ha sido profesor de Técnicas y Medios de Comunicación Social en el Seminario San Carlos y San Ambrosio, de La Habana.

www.ingramcontent.com/pod-product-compliance
Lightning Source LLC
Chambersburg PA
CBHW061722020426
42331CB00006B/1046